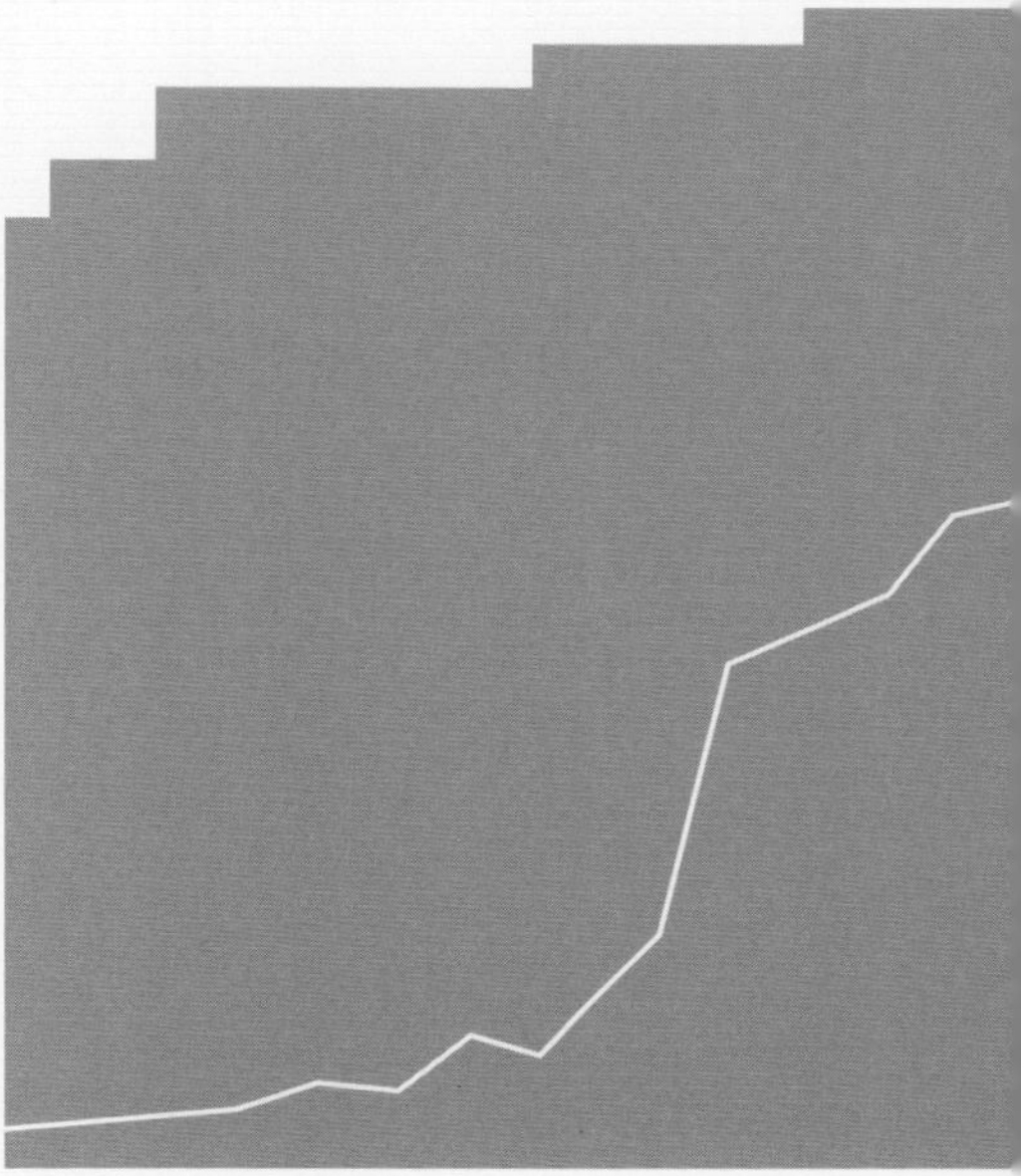

データドリブン・カンパニーへの道

データ・AIで変革を進める企業人に学ぶ

The Road to Becoming a Data-Driven Company

Learning from Business People Driving Transformation with Data and AI

河本薫

KAORU KAWAMOTO

滋賀大学データサイエンス学部教授
元大阪ガス（株）ビジネスアナリシスセンター所長

KODANSHA

はじめに

「ビッグデータ」という言葉の流行からすでに一〇年以上経ちます。その間、「データサイエンス」「機械学習」「ＩｏＴ」「ディープラーニング」「生成ＡＩ」といった新たなブームが立て続けに起きています。それに歩調を合わせるように、企業はデータ基盤に投資し、データサイエンティストを採用し、外部コンサルにＡＩ案件を発注し、さらに、データ・ＡＩ活用の全社的な推進を担う組織（＝ＤＸ〈デジタルトランスフォーメーション〉推進組織）まで設けてきました。

あなたが会社員ならば、「業務にデータを活用しよう」「ＡＩを活用しよう」といった言葉を何度も耳にしているでしょう。会社の方針でデータ分析やＡＩに関する教育プログラムを受講された人も多いでしょう。

ここで、あなたに質問です。

「あなたの会社はどれぐらい変わりましたか？」

きっと、あなたの身の回りには、データやＡＩと呼ばれるものが増えて、あなた自身もデータを見たり分析することも増えたでしょう。でも、それで仕事のやり方は本当に変わりましたか？　単に新しいことが「わかる」だけで、仕事に「役立つ」に至っていないのではないでしょうか？

胸を張って「データやＡＩを仕事に役立てている」という人にはさらに聞いてみたい。それって、あなたの会社の中でデータやＡＩを使いやすい所だけの話じゃないでしょうか？　これまでの仕事の流儀を変えず、差し障りない範囲でデータやＡＩを活用するに留まっているのではないでしょうか？

データ・ＡＩとは、仕事のやり方を合理的にするための手段です。すなわち、課題を明確にし、意思決定プロセスを改善し、結果をフィードバックするための手段なのです。しかしながら、日本企業に蔓延する、課題が不明瞭なまま仕事を進める悪習、縦割りの組織、損得勘定、空気感や忖度、現状維持への固執、事なかれ主義といった負の企業文化が、そもそも仕事のやり方を合理的にすることを阻んでいるのです。そんな中でデータやＡＩの使い方にどれだけ長けても、会社は大して変わらないでしょう。

もしかしたら、多くの方は、それに気づいているのかもしれません。気づいても立場的に言えない、気づいても手の打ちようがないとか、諦めているのかもしれません。でも、諦めたらおしまいじゃないですか。データやＡＩを生かすことを、負の企業文化を改める良い機会にすればいいじゃないですか。

この本は、このことにまだ気づいていない人に気づいてもらい、気づいているけど諦めていた人には希望を持ってもらうために書きました。ただ正論を述べるだけでは、腹落ちしてもらえないでしょうし、希望も感じていただけないでしょう。だから、本書では、実際にＡＩやデータで仕事のやり方、ビジネスを大きく変えている、もしくは変えようとしている企業人の方々にインタビューし、その生の言葉を通して皆さんに腹落ちし希望を持ってもらおうと思いました。

第１章では、改めて皆さんに、なぜ日本企業はデータやＡＩで仕事やビジネスを変えられないのか問いかけ、問題意識を持っていただこうと思います。第２章は、本書のメインディッシュです。九社の企業人へのインタビューを、できるだけ生の言葉のまま掲載しました。第３章では、インタビューを踏まえて筆者が考える処方箋をまとめました。

本書の内容は、多くの企業人、特に経営者の方々にとっては、耳の痛い話になると思います。その意味で、会社員やコンサルタントの方々は、わかっていても立場的にこのような内容を意見することは難しいでしょう。元企業人で現在は大学教員という筆者の立場だからこそ書ける、そこに使命感のようなものが芽生えて、勇気を持って執筆しました。

目次

はじめに　1

第1章　なぜ日本企業はデータやAIを生かせないのか　11

「わかる」と「役立つ」は違う／本気でデータやAIを生かしたいと思っていますか？／データとAIからビジネス価値を生み出すやり方を考えていますか？／変革を阻む壁はヒトの心にある

第2章　データドリブン・カンパニーへの道
――九つの企業のキーパーソンへ話を聞きに行く　23

キーエンス　24
――自社で磨き上げたデータドリブンなプロセスを日本中に伝道する

KIが生まれた経緯／経営を科学する／キーエンスの社内カルチャー／な

ぜKIを社外に売ることになったのか／KIを売ってみて感じたこと／日本企業を変えるには

AGC 67
課題設定力こそがAI活用の鍵である
第一ステージはものづくりの現場から／第二ステージで他部門へ広がる／日本企業でデータ活用が進まない理由／課題設定力の重要性／問題と課題／因果連鎖分析とは／因果連鎖分析に有効な一般教養／DX自由相談会／小学生の頃からコンピューターの世界に

NTTドコモ 117
データドリブンなマーケティングを全社的に推進する
ドコモ関西におけるデータ活用／システム側とビジネス側の橋渡し／効果検証の可視化／ビジネスの手段としてのデータ活用／ビジネス側にシステムのことが苦手な人が多すぎる問題／マーケティングのデータ分析は投資／社内研修会で仲間を作る／「三秒以内に見られることが絶対必要です」／分析ツールを使えることより大切なこと／互いの強みを生かそう

ダイハツ工業　155
――工場担当者が自らＡＩを開発し使う
まずは工場を中心に成果を出す／代走はしない、伴走する／高卒社員がＡＩを使って課題解決する／伴走は代走よりも難しい／やる気のある人を全社から見つける／ボトムアップからトップダウンのフェーズへ／一社員の情熱が会社を変える／本気でやれば、応援する人は必ずいる

ＴＨＫ　197
――ＩｏＴでビジネスモデルをものづくりサービス業に変革する
社名に込められた意味／ビジネススタイルの変革／ＩｏＴという新規ビジネス／経営理念の三つの要素／既存機に付けろ／シンプルなトップダウン／トップの言葉を実際にどのように落とし込むか／自分たちが生き残るビジネスモデルとは／日本で遅れているデータ流通の仕組みづくり／ユーザーのすべての困りごとに対応する／サプライチェーンからエコシステムへ／お題目だけではない経営理念／社内をプロジェクトで巻き込む／研修は管理職から／データサイエンティストを雇うより全体の底上げ／本質を衝くトップの言葉

シップデータセンター　251
――会社の壁を越えて業界でデータを共有利用する
「箱」から生まれたInternet of Ships Open Platform／動き始めるＩｏＳ－ＯＰ／クローズドからオープンへ／ＩｏＳ－ＯＰコンソーシアムの船出／花火と機運／企業連携が進まない業界へのメッセージ

コープさっぽろ　286
――虎の子のＰＯＳデータを取引先に公開する
コープさっぽろのＰＯＳデータ公開／ＰＯＳデータ公開の狙いとは／ＭＤ研究会からＭＤ協議会へ／経営危機からＰＯＳデータ公開へ／ＩＤ－ＰＯＳも公開へ／大きな世界観／データ公開をコミュニケーションツールとして

日立造船　325
――少量多品種型でもＩｏＴソリューションを広げていく
ＤＸ戦略三本柱／ＥＶＯＬＩｏＴとは／具体的な事例／「ＩｏＴ、始めました」のチラシから始まるストーリー／内製化という方針／ＥＶＯＬＩｏＴ詳細／ＤＸ人材育成

ヤマト運輸　351
――外部人材をDXリーダーに登用して加速する
なぜヤマトグループに転職したのか／「YAMATO NEXT100」とデータドリブン経営／金は出すが口は出さない／予測精度の向上／うまくいく人はどこが違うのか／データドリブンは上からの強制ではない／デジタルチームと社内カルチャーをどう融合させるのか／若者のスピード感とギャップのある日本企業

第3章　データドリブン・カンパニーになるための処方箋　385
データドリブンを類型化する／効率型データドリブンへの処方箋／追求型データドリブンへの処方箋／社交型データドリブンへの処方箋／DXよりもCX（Culture Transformation）

おわりに　411

データドリブン・カンパニーへの道

データ・ＡＩで変革を進める企業人に学ぶ

第1章

なぜ日本企業はデータやＡＩを生かせないのか

「わかる」と「役立つ」は違う

あなたの会社では、データやＡＩをビジネスに十分に生かせていますか？　もし「イエス」ならば、きっと本書を手に取らないでしょう。でも、十分に生かせていないって、何がうまくいっていないのでしょうか。漠然とうまくいっていないと言っても始まらないですよね。だから、うまくいっていないことの認識合わせから始めたいと思います。それは、本書で私が伝えたいことを腹落ちしてもらうマインドセットになるでしょうから。

例えば、次のような企業があったとしましょう。あなたは、この企業はデータやＡＩをビジネスに生かせていると思いますか？

○店舗での購買データとネットでの購買データを顧客ＩＤで統合し、ないしは、生産プロセスデータと出荷データをロットＩＤで統合し、可視化ツールも導入して、すべてのデータを可視化し分析できるデータ基盤を完成している。

○データサイエンティストの育成も順調だ。専門家の力も借りながら教育プログラムを開発し、素質のありそうな社員に受講させ、外部の資格試験に挑ませて計画を超える人数の合格者を輩出している。
○ＡＩ技術を用いた業務改革も計画通りに進んでいる。工場における外観検査、自社製品の需要予測など、目標件数を上回る成果を出している。

一見、順調に進んでいるように思われたのではないでしょうか。でも、そういった順調にみえる企業が、私のところに相談にいらっしゃいます。悩みの相談にいらっしゃるのです。「データ基盤を構築したが、なかなかビジネスに生かされない」「データサイエンティストを育成したが、ビジネス成果を出してくれない（そして、辞めていく）」「ＡＩ技術を用いた業務改革プロジェクトをやり尽くして、ＲＯＩ（投資利益率）が黒字になる案件は残り少ない」、だいたいこんな感じです。

お話を聞いていると、「データ基盤を構築すれば、データサイエンティストを育成すれば、ＡＩ技術活用案件を幾つか成功させれば、自《おの》ずとデータドリブン経営になると思っていたのですか？」と突っ込みたくなります。

何をやればデータとＡＩをビジネスに生かせる企業になれるのかを曖昧にしたままで、やった感を醸し出すようなアクションプランを拙速に作って走り出し、走り切ったのに会社はたいして変わっておらず、途方に暮れている。そんな進め方をしたら、うまくいかないのは当然じゃないでしょうか。

データやＡＩをビジネスに活かす主役は、データ基盤でもデータ分析力でもありません。経営者から現場担当者まで、実際にビジネスをやっている社員一人ひとりが主役なのです。データ基盤やデータ分析力は道具に過ぎない。それなのに、立派な道具を揃えて、それらの道具を使いこなせるようになれば、自ずと社員はそれを使ってビジネス成果を上げていくだろう、と思っている人が多い。それは、大きな勘違いです。

データやＡＩといった道具を使いこなせれば、新たな仮説を発見したり、高精度な予測ができるようになるでしょう。でもそれでは、新しいことが「わかる」だけであり、ビジネスに「役立つ」には至っていないのです。冒頭の十分に生かせていないというのは、データやＡＩから新しいことが「わかる」ようになったが、ビジネスに「役立つ」には至っていない、ということなのです。

データやＡＩ技術の成功事例としてメディアに取り上げられる企業も、実態は、ＡＩ技術の活用にうってつけなケースにおいて成功しているだけで、全社的に見ればそういった局所的な成功にとどまっており、「役立つ」にはまだまだ至っていないかもしれません。

以上の内容について、まず腹落ちいただければと思います。大切なのは、「わかる」と「役立つ」の違いを意識できるようになることです。そして、あなたがお勤めの会社について、「わかる」どまりで「役立つ」には至っていないのではないか？　と改めて省みれば、漠然としていた「十分に生かせていない」が、少しはっきりとしてくると思います。

本気でデータやAIを生かしたいと思っていますか？

近ごろ、企業の経営計画を閲覧すると、データやＡＩ技術をビジネスに生かします、という趣旨の宣言文に必ず遭遇します。だいたいは、「データドリブン経営」といった言葉で表題化し、「データやＡＩ技術を生かして業務効率化や新規ビジネス創出を行います」という宣言文に続き、「推進を担う組織を作ります」「データ基盤を構築します」「データサイエンティストを育成します」といったアクションプランを記載しています。中には、「＊＊年までに業務時間を＊＊%カット」「＊＊年までにデータサイエンティストを＊＊人育成」といった数値目標まで明記している場合もあります。

あなたのお勤めの企業においても、中期経営計画を読めば同じような記載があるかもしれません。そういうあなたに問いたいです。それを読んだあなたは、「よし、これからは、自分の仕事にデータやＡＩを活用していくぞ！」という気持ちになりますか？　私ならば、そんな気持ちにならないです。たかだか、「データやＡＩは流行しているから、うちの会社でも取り組むんだな」「新たにできる推進組織の指示に沿えばいいんだな」「データ分析の勉強をさせられるのかな」といった気持ちぐらいでしょう。こんな気持ちで湧き出る意欲は、やらされ意欲であって、やりたい意欲では決してありません。

改めて、「データやＡＩ技術を生かして業務効率化や新規ビジネス創出を行います」って文章を読んでみてください。主語もない、プロセスもない、理由も書かれていない。曖昧だと思いませんか？　そんな曖昧な宣言からいきなり登場するアクションプラン。それも数値目標までつけて。甚だしい論理の飛躍だと思いませんか？　もし何も違和感を持たないなら、あなたはかなりまずいかもしれません。私には、「やってる感」を醸し出すような作文をしているようにしか思えないです。

このようなデータドリブン計画では、だれも本気になりません。そもそも、こんな計画を策定した経営側の本気度も疑わしいです。後述しますが、データとＡＩでビジネスを変えていくには、大変なハードルを越えていかなければなりません。本気でなければ、越えられるはずがないのです。

データとＡＩからビジネス価値を生み出すやり方を考えていますか？

では、本気になればそれだけでできるかというと、残念ながらできません。データとＡＩを駆使して「わかる」までは行くでしょうが、「役立つ」には至らないでしょう。なぜならば、データとＡＩからビジネス価値を生み出す方法がわからないからです。正確に言うと、その方法がわかっていないことを自覚して、自ら編み出す努力をしようとしていないからです。だって、数学やプログラムと違って方法論の教科書はないのですから、自ら編み出すしかない。だから、大切なのは、データやＡＩをビジネスに生かすにはどのように進めればいいか、それを考えようとするかどうかです。

私は、前職時代にそれを毎日のように考え続けました。「わかる」どまりで「役立つ」に至らなかったら悔しくて、なぜうまくいかないのだろうと悩む。自ずと、どうやればうまくいったのかと考える。それが少しずつ言語化されていき、それを粘り強くやっていると、データからビジネス価値を生むための進め方のようなものが見えてくる。それをまとめたのが、二〇二二年一月にダイヤモンド社から出版した『データドリブン思考』です。

ざっくりと説明すると、まずビジネス課題を正しく設定し、次にその課題を解決するにはどの意思決定プロセスをどのようにデータドリブンなプロセスにすればよいかを設計し、そしてデータ・ＡＩとビジネス知見の両輪でそのプロセスを実行する。そして、各ステップを実行しようと思うと、データやＡＩを使う力だけではまったく足りない。ロジカルシンキングやプロセス設計力、また、現場担当者の暗黙知を形式知化する力が求められる。詳細は、『データドリブン思考』を読んでみてください。

ただし、間違えてはいけないのは、これは私の考えであり、決して一義的な正解ではない、ということです。大切なことは、本気で取り組むことによって、思ったように価値が出ないことに苦しみ、どうやればうまくいくかを、頭を使って考え抜くことだと思います。それに気づいてほしくて、あの本を書きました。

変革を阻む壁はヒトの心にある

でも、『データドリブン思考』を書いて、また、いろいろなところで講演しても、「河本さんの言われることはよく理解できました。それでもうまくいかないんです」と言われます。どんな状況なのか尋ねると、以下のようなことを辛そうに告白されます。

○ 現場にＡＩ技術を用いた業務効率化の提案に行くと、「当面は現状の利益を維持できる見通しだから、あえてやる必要はないよ」と言われた。
○ 製造現場に異常検知に基づく予防保全を提案に行くと、「その方法に変更して何かあったら、だれが責任取るんや」と言われた。
○ 予測モデルの精度を上げても、現場から「もう少し精度を上げて」と言われ続けて、いつまでも導入されない。

○ 組織横断的なデータ活用を提案したところ、相手組織から「勝手に領域侵害しないでくれるか。うちの組織にはうちのやり方があるんや」と言われた。

○ 分析結果を上司に報告すると、「う～ん、その結果はまずいなあ。もう少しマイルドな結果にならないかなあ」と言われた。

○ 予測モデル開発のプロジェクトについて、頑張ったが目標精度に到達できそうになく、上司に本プロジェクトの中止を提案したところ、「このプロジェクトは組織の業績目標になっているのだから、どんなことがあっても成功してもらわないと困る」と言われた。

仮にあなたが、データやＡＩ技術を生かしてビジネスを変革することに本気で、数学やプログラミングもできて、ビジネスにも明るいスーパーマンだとしましょう。それでも、前記のような事態に陥るのです。なぜならば、そもそもビジネスをやっている当事者が変革しようと思わなければ変革はできないからです。

データやＡＩを活用するとは、これまでの仕事のやり方やビジネスのやり方を変えることです。ざっくり言ってしまえば、人間の勘と経験に頼っていたやり方を、データやＡＩを使って、より合理的に、より効率的に、より全体最適なやり方に「変える」ということです。この「変える」というところに次の三つの大きな壁があるのです。

①ムラ社会――――――――空気感、忖度、同調圧力
②サラリーマンの損得勘定――決める権利、組織の利害、責任回避、公平性偏重
③変えたくない国民性――――仕事のやり方や制度を変えることへの忌避、一度決められた目標や計画への固執

日本企業を見ていると、データやＡＩ技術の推進を担わされた方々は、高い愛社精神と使命感を持って、変革を進めようとビジネス担当者に働きかける。しかし、ビジネス担当者の心理的な壁に阻まれる。典型的なケースは、ＡＩ技術を活用した変革について、ＰｏＣ（実証実験）まではスムーズに進むが、いざ現場導入の段階になると様々な壁に阻まれる。現状の仕事の枠組みでの改善はまだしも、抜本的に仕事のやり方を変えたり、組織横断的な変革になると、組織文化により生じる壁に阻まれてなかなか進まない。

その結果、小粒な変革は進むものの、大きな変革は進まないのだと思います。多くの壁に阻まれて挫折を繰り返すと、推進役のやる気もトーンダウンしかねません。

それでは、どうすれば日本企業はこのような壁を克服できるのか。残念ながら、それを克服する方法論のようなものは私には考えられません。一方で、様々な企業の方々と話をさせていただくと、少しずつでも壁を崩してデータドリブン経営に歩みだせている企業もある。そし

て、そういった企業の取り組みを伺うと、日本企業でもできるという勇気とどうやればできるかのヒントのようなものをもらえたように感じるのです。

それならば、そういった勇気やヒントを広めれば、日本企業がデータドリブン経営に向かう力になるのではないか。ならば、変革を進めつつある企業のキーパーソンにインタビューして、聞いたままの言葉を書籍としてまとめて、企業人の方々に読んでもらえばよいのではないか。そういう思いに至りました。

次章では、私の知りうる中で、データドリブン経営に向けて歩みだしている企業を選び、それら企業のキーパーソンにインタビューしました。企業によって歩みは様々です。できる限り様々な歩みを取り上げられるよう、歩み方の異なる企業を選びました。キーパーソンの方々の言葉遣いから伝わることもありますので、できるだけインタビュー時の会話を忠実に再現しました。

第2章

データドリブン・カンパニーへの道

――九つの企業のキーパーソンへ話を聞きに行く

キーエンス

——自社で磨き上げたデータドリブンなプロセスを日本中に伝道する

株式会社キーエンスは、自動制御機器、計測機器、情報機器などの開発および販売を行う企業です。その特徴は収益率の高さで、営業利益率は五四・一%(二〇二二年度実績)になります。

そのキーエンスから「KI」というデータアナリティクスプラットフォームが販売されました。私もデモを見せてもらいましたが、データ分析ツールというよりも、ビジネスにデータを活用するプロセスをツール化したものであり、非常に実用的だと感じました。すでに多くの企業に採用されているようです。

私にとって何よりの驚きは、IT企業でもコンサルタント会社でもなく、製造業を営むキーエンスからこのようなツールが販売されたことでした。これだけビジネスに効果的なツールを生み出せるのは、キーエンス社内でビジネスにデータを活用することに成功しているからではないだろうか。だからこそ、日本企業随一の生産性の高さを実現できているのではないだろうか。もしそうならば、キーエンスの成功理由を知ることは、他の日本企業が目指すべき姿のヒントになるのではないだろうか。

そのような期待感を持ってKI事業を推進されている井上泰平さんと柘植朋紘さんのおふたりへのイ

ンタビューに臨みました。

ＫＩが生まれた経緯

――キーエンスさんが作られたＫＩというデータ分析のツールについて伺いたいと思います。どのような思いで作られたのでしょうか。

井上　私たちが大切にしていることとして、企業活動をデータで科学的に捉え、合理的な判断をしよう、という考えがあります。データを正しく捉え、ビジ

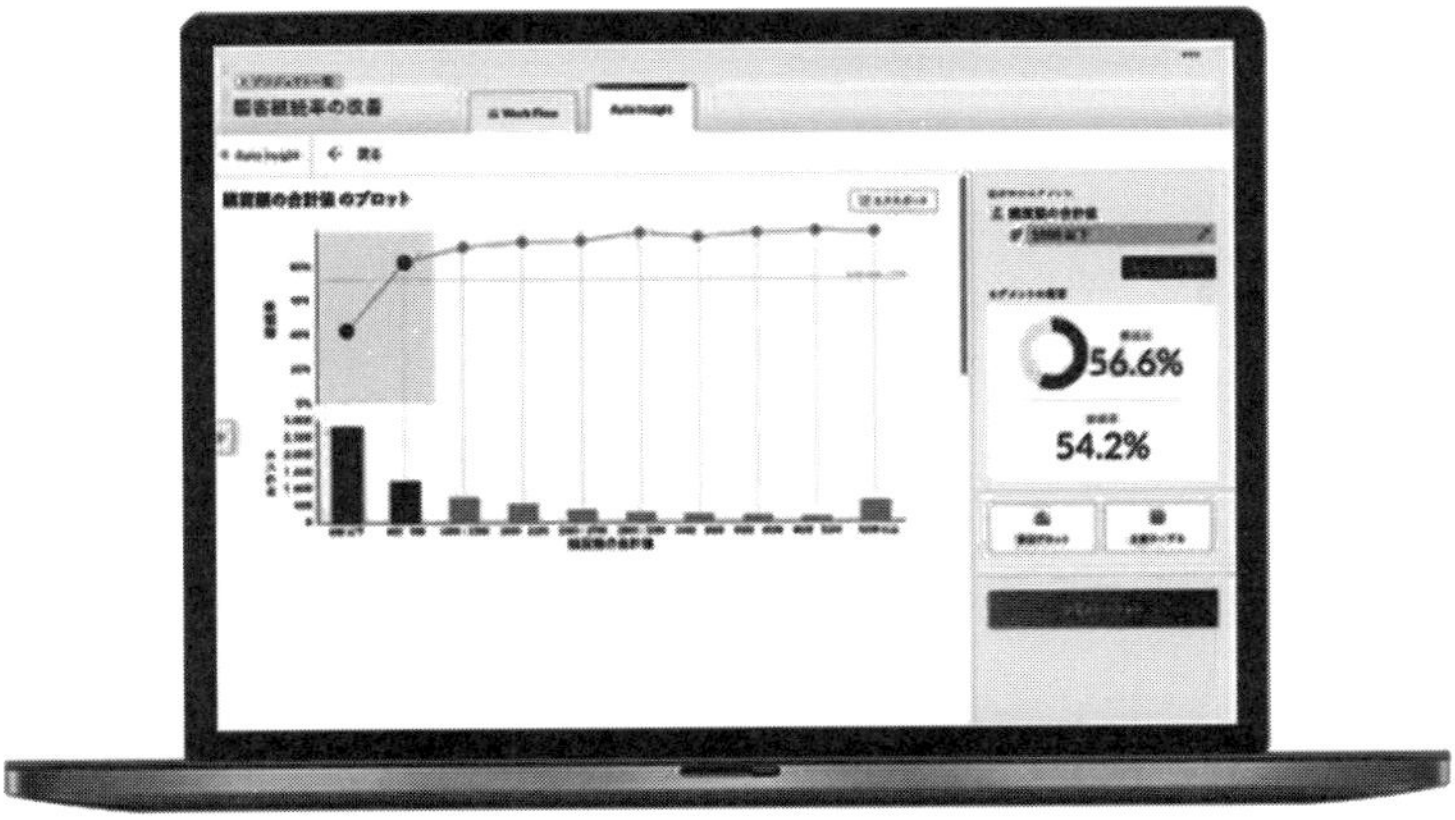

『データ分析プラットフォームKI』
キーエンスでは、社内の各ビジネス担当者が、勘や経験だけではなく、データに基づいて意思決定をしていくにはどうすればよいか、試行錯誤を続けてきました。その中で見えてきたのは、データを基に仮説を立て、ビジネスの課題の因果を明らかにし、確率の高い打ち手を選んでいくプロセスの重要性です。『データ分析プラットフォームKI』は、そんなキーエンス社内でのデータ活用経験を基に開発された、ビジネスユーザーがプログラムなしで、日常的にデータからビジネス課題の因果を発見し、打ち手につなげられるソフトウェアです。

ネスの改善につなげていくにはどうあるべきか。キーエンスも試行錯誤を繰り返し、積み重ねてきました。私も柘植も文系出身ですが、ビジネスの最前線にいる人が、データを基に意思決定や業務プロセスの改善につなげていけるように、そうした状態を実現したいという思いで作られたサービスです。

――私もいろいろな企業の方からＫＩを使っているんだよという話を聞く機会があります。

井上　事業をスタートして間もない頃に河本先生にアドバイスをいただきに伺いましたが、今こうしてユーザーの声が先生のところにも届くようになり本当にうれしいです。

――外販されて四年ちょっとですが、今、導入企業はどれくらいあるんでしょうか。

井上　数百社に導入いただいています。

――それはすごいですね。

井上　大企業から、社員一〇名ほどの企業まで、データでビジネスや会社をより良く変えたいという思いを持たれた組織や人がこれだけたくさんいて、キーエンスをその挑戦のパートナーに選んでいただけてとてもうれしいです。

――普通、ツールというのは、ある程度、規模がないと採算が合わないところがあるし、社員数が少ない会社だとデータ分析の専門家などはいないイメージがあります。導入企業には、データ分析の専門家やデータ活用のカルチャーがない企業も多いのですか。

井上　そうした企業のほうが多いと感じます。少数の専門チームが企業全体の分析を担う形をとる企業は多いですが、大企業であったとしても日本企業の多くの社員にとってデータ分析は日常的なものではないと思います。これまでは、ビジネス現場での経験と勘、時には度胸で決めてきていたことを、データを基に判断できるようにしていきたいと考える組織から、声をかけていただいています。

経営を科学する

――私がキーエンスさんに関していちばん関心があるのが、コンサルタント会社とかソフトウェア会

社ではない、メーカーというDNAの会社でありながら、KIというメード・イン・ジャパンのデータ活用ソリューションを作られて何百社に展開されていることです。これは、普通に考えたらあり得ないことという気がします。

自社向けにソリューションを作ること自体すごいことですが、それを他社に展開していくようなところまでやっている。ということは、もともと会社にこんなことができるカルチャーが根付いているのではないか、それが何かを知りたいと思っています。

柘植　社名の由来の一つが「キー・オブ・サイエンス（Key of Science）」、つまり「科学の鍵」ということに象徴されるように、一九七四年の設立当時から、科学的に経営を進めてきました。

営業部門はもちろん、商品の企画開発、人事、物流、経理など様々な部門で、仕事を進めるときに、それをなぜやるかという目的を必ず問われます。その問いに回答するには、当然、データを使って定量的に説明したほうがわかりやすいというのがもともとのカルチャーとして強烈にありました。

――データで根拠づけるというのは、言うは易しですが、実際には結論ありきでそれに合ったデータを持ってきて、とりあえずつじつま合わせをするというのが、どの会社でも結構見られるパターンだ

と思います。でもそれでは科学的な経営とは言えませんよね。キーエンスさんの場合、科学的な経営をするカルチャーというのは、社内教育で徹底されているものなのでしょうか。

柘植　社内の研修でというより、日常的にそういう問いかけが、頻繁に飛びかっているという感じです。

例えば営業の会議で、目論見通り進まなかった際に、その要因を振り返ることは多くの会社でもやられていると思いますが、キーエンスの場合は科学をしたいので、うまくいった場合も、その要因を求め、みんなで答えを探していきます。

なぜ今月は目標を達成したのか、先月と何が変わったのか。それがもちろんデータで説明できればいいのですが、データで説明できないことも多い。そういう場合は、例えば、先月と今月のデータをみんなで見て、先月と何が違うかを比べるといった作業をする。すると「先月より自動車業界のお客さんが多いんじゃない？」「じゃあ、自動車業界をみんなで攻めようか」といった会話が各現場で交わされている。新人でも説明を求められる。そんなカルチャーがずっとあります。

――つまり、成績の良し悪しにかかわらず、常に原因を追究するカルチャーということですね。

柘植　はい。逆に良かったときのほうが、そこにヒントが詰まっているので、因果関係は何かを追究する感じです。

——なるほど。それが、営業でもそうだし、営業以外のいろいろな部門で同じような議論があるということですか。

柘植　そうですね。だから理屈っぽい人が多い会社になる（笑）。

——なんとなくという感じで流さずに、きちんとなぜそうなったのかを追求するというわけですね。

柘植　因果関係を明確にすることで再現性が高まるので、当然、効率的になって業績も上がるはずです。最小の人数で最大の付加価値を上げるという循環を目指しているということかと思います。

——そうしたカルチャーは一朝一夕で身につくはずはないですよね。おふたりが入社されたときからそういうカルチャーはあったんですか。

柘植　はい、ありましたね。

井上　本当に特別な研修といったものはありません。先ほど柘植が言ったように、どの部門でも日常的に問われることなので、自然とそうなっていくという感じです。

もともと「最小の資本と人で最大の経済効果（付加価値）を上げる」という理念を会社が掲げています。つまり生産性をいかに上げるかということが我々の理念になっていて、生産性を上げようと思ったら、確率が高いやり方で再現性を高めていくことをみんなが考える。そのためには、河本先生の言葉を借りると「形式知化」していくということが重要になってくる。いろいろな事象を議論することで形式知化していき、さらに確率の高いやり方って何だろうかということを、徹底的にみんなで数字を基に議論していく。

人事制度的にもそうした考えは取り入れられており、プロセスを重視した評価が行われています。

――個人の評価ということですか。

井上　そうです。成果だけでなく、そのプロセスにおいてどのような行動をしたかというところの評価も大きなウエイトを占めます。

もちろんいちばん評価されるのは、因果関係に基づいてこういう行動をしようと決めて、それをきちんと行った上で結果が伴っているケースですが、仮に目標を達成したとしても、そのプロセスがどうなのかが問われます。一方、未達成だったとしても、プロセスがしっかりしていれば評価されます。

――たしかにキーエンスさんの会社のキーワードとして、プロセスと目標達成のモチベーションの二つが鍵だということが記事に出ていたのを拝見したことがあります。

井上　データ分析というと、最近では、ＡＩや機械学習といった文脈で、テクニカルな部分、手法の部分が語られることも多いですが、私たちの場合、もともともっとシンプルに、エクセルのクロス集計レベルでもしっかり数字を捉えてきたことがベースにあります。

ですから、キーエンスは、分析力や手法がすごいというより、シンプルな項目を以前からきちっと形式知化してきたことが積み重なって強みになってきたと言えると思います。

――なるほど。今のようにそこまでたくさんデータがない時代はエクセルレベルでやっていたということですね。

井上　はい。我々も他の企業の方とお付き合いしていると、「キーエンスの風土だからできるんでしょ」と言われることがありますが、それこそ風土は一朝一夕でできるわけではなくて、いまでこそそれが当たり前になっていますが、当たり前になる前のキーエンスはもっとシンプルなことを形式知化するところから始めていたと思います。

キーエンスの社内カルチャー

——私は、様々な企業と接点を持っていますが、おっしゃったようなカルチャーを持つ企業は他に見当たりません。「なぜ」をデータでとことん追究していこうという姿勢もないし、そもそもそんなことを追究していこうとしてもできないという雰囲気があるように思います。

キーエンスさんでは、「なぜ」をデータで追究することに対して、社内で抵抗感とか、やらされ感といったものはないのですか。

柘植　ないですね。一年目や二年目の社員でも、数字を使って追究するのは習慣になっています。

――営業としての売り上げアップというミッションに対して、科学をしていくということが、役に立つということをみんな腹落ちしているんですか。

柘植　はい。そのほうが、実際により楽に成果につながりますし。

――闇雲に努力をしていくということと比べると、楽にできると。

柘植　そうですね。ですからどうやったらもっと近道で、もっと良いやり方になるのかと常に考え、探し続けている感じです。

――なるほど。組織みんなで力を合わせて、良いやり方をみんなで共有していこうとしている。

井上　はい。良いやり方をみんなで追究し、共有しようということも、強制ではなく、息を吸うように自然になされています。

――それでも長年会社勤めしてきた私からしたら、まだ半信半疑です。そんな風土がなぜできるのか。良いやり方だったら社内でもほかの人には隠したくなることもあるじゃないですか。

それがキーエンスさんの場合には、個人の売り上げさえ、個人の目標さえ達成できればいいという風土ではないわけですか。

柘植　はい。経営からのメッセージとして象徴的なものに業績賞与という仕組みがあります。会社全体の業績に応じて連動する賞与です。つまり、キーエンス全体の結果が、待遇に反映される。

――そこでインセンティブ設定がされているわけですか。

柘植　そうですね。後は、ほかの人に自分のメソッドを伝えるという行動自体も評価します。そもそも、みんなに良いメソッドを伝える人は、キーエンスの社内では「できる人、かっこいい人」と思われる雰囲気があります。

井上　たしかにそうした見られ方をしますね。

――会社全体でそれが醸成されているところがすごいですね。

井上　例えば何か新しいことを始めるときに、なぜ新しいことを始めるのか、きちんと理由を説明し、理解されないとみんな動かないということも感じます。役職が上の人が言ったとしても、合理的な理由がないとダメ。

――そうなんですね。

井上　ちゃんと説明ができないと、ほんとにそのやり方がいいんですか？　という話になるんです。

――例えば、一般的な企業の営業の計画でよくあるのが、今年はお客さんとの接点を何％増やすといった場合。そこにはあまり根拠がなくて、どちらかというと掛け声的な感じのことが多い。それがキーエンスさんの場合、いきなり上からそうした計画が降ってきたら、なんでやるのか下から追及されることになるのですね。

井上　そうなると思います。でも、もともとそうした積み重ねで来ているので、一般的な企業のように、上から根拠もなく降りてくるといったこともほとんどないです。

――キーエンスさんの場合、中長期的な計画もなぜやるのか、ということをとことん追究しているのでしょうか。

井上　もちろん中長期なことも、いろいろなレイヤーで考えていますが、中期経営計画を全社で立てて、それに向かって全体が進んでいくという感じではないです。むしろ足元の部分で試行錯誤していく、少し先の将来を仮定しながら改善をしていくといった動きのほうが大きいと思います。

組織として、例えばグローバルで業績を上げていくといった大きな考え方はあっても、たしかな見通しの根拠がなく五年後にいくらの売上達成を目標にする、というようなことはやっていません。

――なるほど。話を聞けば聞くほど、日本の企業がキーエンスさんみたいなカルチャーになるのはなかなか難しいということを、逆に感じてしまいました。

データのことで話を進めたいのですが、二〇一〇年以前の状態というのは、例えばデータサイエンティストとかデータサイエンティストの専門チームというものは社内になかった、と考えていいんですか。

井上　はい、そうです。

――では、データサイエンティストの役割を果たす人はいつごろからいらっしゃるんですか。

井上　二〇一〇年代中頃からです。きっかけは、栢植がやっていた主にウェブマーケティングの領域で、大量のお客様データを活用する上で、機械学習などの手段を適切に利用して最適化していこうということになって、採用を始めました。

とはいえ、そうした人がデータ分析の中心かというと、必ずしもそうではありません。先ほども言ったように、キーエンスのデータ分析というと、多くは日々の事業活動における合理的な意思決定みたいなところを指しています。

――なるほど。主役は現場担当者であって、データサイエンティストではないんですね。

井上　データを基に様々な判断をしていくという文化があって――多くはエクセルで事足りるような分析が多かったのですが――、お客様がどんどんインターネットの世界に行動を移している変化の時期に、データからお客様の状態を捉えて、より確率の高い打ち手を見つけていくには、エクセルだけだと限界がある。そうだったらそうしたテクノロジーを扱える人材も必要だということで採用を始めました。

――先ほどおっしゃっていた「日々の事業活動における合理的な意思決定」について、具体的に教えてもらえないでしょうか。

柘植　例えば、営業活動では「ターゲティング」がわかりやすい例です。どのお客様にアプローチすると受注が増えるか、つまり「営業の行き先」を科学することをターゲティングと呼んでいます。

営業が一〇件アプローチしたときに一〇件受注となることが理想だとすると、まだ当然そんな精度にたどり着いてはいないので、研究し続けています。

――そのモチベーションがすごいですね。

柘植　毎年一〇%とか二〇%、一人当たりの営業利益を増やしていくときに、「行き先の科学」は、ものすごく効率が良いアプローチだと考えています。

——そうやってデータを見て、どこを攻めたらいいかということをずっと追究していくと、おいしいところは全部やりつくすという恐れはないんですか。

柘植　やりつくしてみたいですが、終わりは全然ないですね。データを使ったレコメンドだけでは、できる範囲に限りがあるので、営業担当自身がデータを基に行き先を考えたり、勘と経験を生かすべき場面は残り続けます。

——今のお話を聞くと、営業組織の中で、どこのお客さんを狙ったらいいのかということをデータから出す側と、そのアドバイスを聞いて実際に営業活動する側と、役割が分かれているようにも聞こえた一方で、全営業担当が常にデータを見て判断しているようにもとれるのですが、実際はどのようになっているんですか。

柘植　例えば機械学習をしてＡＩでスコアを出すということは専門の部門でまとめて実施して、その結果を営業担当がいつでも使えるようにしています。一方で、営業担当自身も、データを基にして、日常的に日々の戦略立案や施策の振り返りなどをしています。

井上　営業プロセスを形式知化していく場合も、定量と定性、デジタルとアナログを組み合わせて進めていきます。例えば、ある営業会議で、みんなの動きを定量的に見ていったときに、ここの確率が高そうだよね。中でも、Ａさんは高いよねと。Ａさんに聞いてみると、あるアクションをしているとうまくいくという、この時点では定性的なヒントが出ます。それを基に、チームでそのアクションを実施し本当に効率が良いか定量的に評価します。そうして形式知化されたプロセスは目標化し、徹底、改善していくＰＤＣＡ（Plan〈計画〉・Do〈実行〉・Check〈評価〉・Action〈改善〉）サイクルを回していくことになります。こうしたことは、日常的に様々な場面で行われています。

——それは二〇一〇年以前から脈々とある話ですね。

井上　はい。私が入社したときから日常の風景でした。

——今までの話を私なりにまとめると、キーエンスさんのここまでのＤＸ推進の歴史というのは、決して会社の中でビッグデータを活用しようとか、データサイエンスをやるぞといった「流行」とは関係なく、昔から連綿と引き継がれてきた経営を科学するというカルチャーの中で、環境的にデータが増えてきたり、ウェブマーケティングができると変化してきて、当然やることも変わっただけということですね。

井上　たしかにキーエンスには、ＤＸ推進という取り組みはないですね（笑）。

柘植　高校野球にたとえると、昔から甲子園で優勝したいという目標はずっと変わらずにあって、最新のウェートトレーニング方法を知ったので、そのトレーニングを取り入れ、勝つために必要な筋肉をつけているという感じです。ウェートトレーニングをやるのが目的になっているわけじゃない。

――そういうことですよね。今、いろいろな企業がＤＸ経営とかやり出した中で、目標化するものがどちらかというと、例えば、社内でＡＩプロジェクトを何件するとか、データサイエンティストを何名にするとか、そういった手段を目標化するような感じが多くて、そういうのとは一線を画されているなと思いました。

井上　キーエンスの社員は、その仕事は何のために行っているか、何に役立つのか、そのやり方が最適かどうか、ということを行動のベースに考えます。

――それが会社のＤＮＡですね。

栢植　もちろん我々もついつい手段が目的化することがあります。ただ、そんなとき、やっぱり誰かが「何のためにやっているんでしたっけ？」と投げかける確率が高いんです。

――日本の組織では、なかなかそれができない。山本七平さんの『「空気」の研究』にも書かれていますが、一人がおかしいと思ったことでも「空気」で決まっちゃうことが往々にしてある。

井上　風通しの良さを維持しようということは、みんなが意識しています。例えば、全員さん付けで呼ぶとか、エレベーターはいちばん扉に近い人から出るし、会議室も来た人から奥に座っていったほうが合理的だよね、というようなことは意識的にやっています。

――それをやれている会社は少ないですよね。

井上　もちろん、今の時代に合うかどうかといったバランス感覚も必要ですが、何かを変えるときは、ものすごく議論をするカルチャーもあります。

――例えば、習慣を変えるときなどでしょうか。

井上　習慣というか、もともと我々が当たり前だと思ってやってきたことを変える場合ですね。

――それは明文化されているものなんですか。

井上　明文化されているわけではなく、カルチャーとして。

――これも日本の企業でよくある話ですが、一度決めたことを撤回するということは、決めたポジションの人にとっては不利益になるので、回避しようという動きにつながることもありますが、そうしたことはキーエンスさんでは問題にならない？

栢植　そうですね。むしろ、ゴールに対してこのままではうまくいかないとわかったなら、変えないと逆にまずいという考え方が浸透しています。

――聞いていると当たり前のことをやっているように聞こえてきますが、実際には多くの企業でできていないと思います。

井上　はい、当たり前と言えば当たり前のことなんです。

――今後、AIのデータの確度が上がっていけば、例えば営業でAIの出す答えは人間の勘と経験を包含してしまうのか、それとも人間の経験と勘の部分は残し続けるのか、その辺のお考えはどうでしょうか。

柘植　人間の経験と勘をゼロにはできないし、すべきではないと思います。

――それは、あえてなのか、AIといえども限界があるよというお考えでしょうか。

柘植　どちらとも言えます。データはパワフルな武器ですが、どれだけデータが増えても、世の中の森羅万象をすべてデータ化できるわけではありません。例えば、コロナ禍になったタイミングでは、データで捉えられないことが一時的に増えたので、みんなでわちゃわちゃ話をして情報共有する割合を意識的に増やしたりしました。

変化は人間のセンサーで察知して、それが本当に起きているかという検証はデータを使ったりというように、デジタルとアナログの行き来をとても大事にしています。

——やっぱりそうですね。気づく力というのは人が持っている力ですね。

なぜＫＩを社外に売ることになったのか

——ＫＩについて伺いたいと思います。すごく実用的なソフトだと思います。言葉を選ばずに言うと、精度をとことん追求して作ったソフトというよりも、いかに仕事に役立つようにするかということを考えて作られていると感じました。先ほどのお話でその原点を教えていただきましたが、ＫＩが生まれてきたプロセスについて伺えますか。

井上　我々の仕事の進め方やデータ活用という観点でいうと、分析の手法や精度ということよりも、業務プロセスが改善されるかどうかということのほうが重要だと思っています。

そのため、業務プロセスを改善するにはどんなデータが必要で、それをどういった形に整えなければならないのかという、ビジネスのゴールを起点にＫＩは考えられています。

社内では、我々の進め方や考え方は、他の企業においても汎用的に有効であろうということを議論していました。キーエンスは長く製造業でビジネスをしていますが、付加価値の高い製品を世の中に提供することで社会へ貢献していこうという考えが根底にあり、製造領域の中だけで事業をするべきという考えはありません。付加価値の高いことを事業として営み社会に貢献する。そう考えたときに、我々が取り組んできたことは社会的に価値が大きいことだろうということで事業を始めました。

ＫＩは河本先生にお褒めいただいた通り、我々と同じような立場で、データに基づいて意思決定ができる組織にしていきたいと考えるユーザーには良い商品だと思っていますが、ツールがすべてやってくれることはなくて、意思決定や業務プロセスの改善につなげていくには、人と人のコミュニケーションの中で理解をしてもらいながら進めていくことが必要です。

ですからこの事業は、ＫＩを手段にして、データ分析を企業の意思決定プロセスにつなげていく、それをクライアントと共に実現していきたいという思いでやっています。

――話を伺っているとすごくうれしくなりますね。私もまた、データ分析を企業の意思決定プロセスにどのようにつなげていくかということがいちばん重要だと思っていますので、我が意を得た思いです。

ところでＫＩというソフトウェアは、最初から外販するという前提で作られていたんですか。

井上　我々社内のデータ活用プロセス、データサイエンティストがやっているプロセスを汎用化して、組織全体で使っていけるようにしようということを進める過程で、社外にも価値の大きなことだよねと話が進んでいきました。

――もともとは、個々の案件を分析していたのが、案件数も増えていく状況で、いかに合理的にやっていくのかと考えると、汎用化できる部分もあるだろうと社内で取り組んでいるうちに形もできてきたわけですね。

井上　はい。その仕事のやり方自体を、プロダクトに落とし込んでいくにはどうしたら良いかというような議論をしました。河本先生も書かれていましたが、業務プロセスを変えていこうと思うと、分析の専門家だけが分析をして、そのアウトプットを提示するというだけでは進みません。

やはり業務を動かしている側の人間がそこをちゃんと解釈して、動かしていくというところにつなげていく必要があります。

――私がKIを見たときに感じたのは、このソフトウェアは絶対にデータサイエンティスト側からの提案では生まれないということです。ビジネスをやっている側の人間が、こんなことがわからないと

か、こんなふうに見られないかという観点から作ったのだろうという感想を持ちました。

井上　はい、それは間違いないと思います。

ただ実際に外の企業にＫＩを導入していただいて感じるのは、キーエンスでは、ファクトを基に議論をして、全員がロジカルに理解したものは推進しやすいという経験則があるのですが、多くの企業では、データ分析業務がちょっと特殊な位置づけになっていて、それを日常業務に落とし込むにはどうすればいいのか、そのテーマの奥行きの深さはやってみて感じますね。

――そのあたりにデータをビジネスに活用できない日本企業の問題がある気がしますね。

井上　河本先生が書かれている『データドリブン思考』でも、そうした問題を指摘されていますよね。

――往々にして、データサイエンティストは、正解のある問題を解くのは得意ですが、正解のない中で仮説を考えることは苦手だと思うのです。

ＫＩの良さは、データ分析の結果を（データサイエンティストを介さずに）現場担当者が直接見る

ことで仮説をたくさん思いつくことじゃないかと思います。ＫＩで仮説を見つけて、そこから施策として打てるようなものを担当者が選ぶ。でもそれだけでは実際に効果があるかどうかわからないので、スモールスタートで実際にやって効果を測定する。

井上　データ分析というと、目からうろこ的な発見を期待するとか、分析に費やした労力やソフトへ投資したことに対する施策の成果を、ＲＯＩで判断をするみたいな考え方になりがちですが、決してそういうことだけではないと思います。

原点は、因果関係があるか相関関係があるかわからないけれども、これぐらいの確率でこういう量の層が存在しているということをファクトで捉えるということにあると思います。そこからそのファクトを見た現場の人たちが仮説を立てる。それを地道に続けることで、数年後の組織の強さになって結実するということだと思います。

短期的に、知らなかったことを見つけてそれに対して施策を打ち、結果リターンがいくらになるということだけを期待しすぎると、その組織は、データが持つ本当の力を引き出せないと思います。

――ＫＩは使ったらすぐに効果の出る魔法の杖ではなくて、仕事のインフラというイメージですね。

柘植　そうですね。

井上　データを分析するための手段は様々ありますが、例えば、研修でPython（高水準の汎用プログラミング言語）を勉強しましょうとなると、我々のようなビジネスサイドの人間にとってそれはやっぱり違うと感じてしまいます。手段としては難易度が高すぎるし、目的が指し示されない中での研修は我々従業員からしてもモチベーションにつながらないという部分があります。

――ところで、データ活用として営業の話は多く出ましたが、例えばロジスティクスや製造現場ではどのようにされているんでしょうか。

井上　我々が大切にしているポリシーの一つに、当日出荷があります。世界中のものづくりを支えるキーエンスには相当数の商品があり、グローバルに直販を展開しているため、全世界で当日出荷を実現するというのは、容易なことではありません。一方で在庫の回転も重視しているので、いかに最適な状態で当日出荷ができるかが重要です。

そのため、全世界のどういう業種で何の商品がどれぐらいの需要があるのかとか、大口出荷を伴う設備投資が行われているという情報は、直販営業を通してデータとして生産計画部門に入り、それに基づいて計画が立てられています。これもデータ活用の一つかと思います。

――需要予測ということですね。

井上 はい。そうですね。

KIを売ってみて感じたこと

――KIを実際に導入している企業について伺いたいと思います。営業部門で使われているところがいちばん多いと思うんですが、使われ方はどんなものが多いのでしょうか。

井上 いろいろな部門で使っていただいていますが、一つのユーザーが一つの部門だけでというよりは、最近だと複数の部門の人たちがプロジェクト的に入ってきて取り組まれることも増えてきています。例えば、営業企画、営業推進、マーケティング部門以外では、人事部門、生産部門、物流部門などです。生産や物流部門は、機械学習的なアプローチというより、事業活動上のデータを集計して変化があるところの要因を深掘りしていくというテーマも多く、本当に多岐にわたっています。小売業では、ECやCRMの部門がデータ活用に参加されることもありますね。

——導入すると決めた企業に対しては、どのようにかかわっていくのですか。

井上　KIを手段に、データ分析を企業の意思決定プロセスにつなげていく。組織全体でデータを活用できる状態を作り、それを一過性ではなく、習慣化してもらう。そのためにカスタマーサクセスという形で私たちが一年間伴走していくプログラムを提供しています。プログラムを通して、分析の基本的な考え方はもちろん、プロジェクトの進め方などお伝えすることは多岐にわたります。ただし、あくまでお客様自身にデータ活用の考え方、自走する力を身につけていただくことを大切にしているので、我々のデータサイエンティストがお客様の分析や考え方をレビューさせていただく場面が多くあります。

——レビューというのは、ちゃんと意思決定につながるところまでできているかどうかというのをチェックするということですか。

井上　そうしたこともありますし、もっと手前のところで、どんな分析テーマを選ぶかをお客様に考えていただき、それが意思決定につながるものなのかどうかをレビューすることもあります。

テーマが決まった後は、分析に使うデータを整理するフェーズがあり、分析結果が出たらお客様に解釈してもらい、解釈に対してこちらから着眼点を提供し、検証のために施策へつなげていく。一年間を通じて、少し引いた立場でレビューをさせていただきながら、繰り返しやっていくことで少しずつお客様の自走力を高めてもらうことを行っています。

——私の本の言葉でいくと、「見つける、解く、使う」ということを自走できるように、一年間伴走するということですか。

井上　おっしゃる通りです。

——世の中の一般のデータサイエンティストというのはどちらかというと分析だけなのですが、キーエンスさんのデータサイエンティストというのは、「見つける、解く、使う」ことが全部できる方なのでしょうか。

井上　データサイエンティストの中でも、アルゴリズムを用いて問題を解くことが好きな人と、分析をどうビジネスにつなげていくかという後工程側に興味がある人がいるとした場合、後者の方が中心だと思います。

――ＫＩを導入した全ユーザーに対して同じサービスを提供しているんですか。

井上　はい。我々のユーザーは、多くがビジネス側の人ですから、手段としてＫＩを使いながら、「見つける、解く、使う」を実体験してもらってデータの価値を感じてもらいたいと思います。そして、あくまでドメインナレッジを持っているのは、お客様ご自身。だからこそ、私たちはすべてのお客様がＰＤＣＡを回すための「支援」を行います。

逆にデータサイエンティストのチームの人は、自身の分析業務にＫＩが必要とは感じられない場合でも、そのチームが会社の中でどうやって活動を広げていくかというときの手段としてＫＩを見てもらうということがあります。

――なるほど。そういう意味では、キーエンスさんの会社の理念は、「付加価値のあるものを世の中に出すことで社会貢献する」と伺いましたが、ＫＩは付加価値を生むプロセスを社会に提供しているんですね。

井上　ありがとうございます。

――導入企業に一年間伴走するというプログラムは、当初から考えられていたことなんですか。

井上　私も柘植もキーエンスの中で生きてきた人間なので、他の企業がどういった意思決定をしているか知っていたわけではないのですが、キーエンスも過去、ずっと順風満帆だったわけではないし、大なり小なりどの企業でも壁はあって、その壁を越える支援をしていく必要はあると思っていました。ただ正直最初の一年は、ツールの使い方をお伝えすることがメインだったと思います。試行錯誤をしていく中で、お客様への接し方も変わってきていて、今では、ビジネスに近い人がデータを活用し意思決定につなげていくために何をすべきか、というところに比重が移ってきています。

柘植　オリジナルのeラーニングのコンテンツも提供しています。初期はKＩの使い方や分析テーマの選び方のような分析に直結するコンテンツが多かったんですが、最近では、プロジェクトマネジメントの進め方、データ分析の報告のコツ、ビジネスの成果の考え方など、分析したあと、それをどうビジネスに使うかという部分のサポート支援の比重が多くなっています。

井上　改めて思うこととして、多くの企業にとって、まだデータ分析プロジェクトというのは特別なんだということです。

その特別なものをどうやって日常化させるか。例えば、日々どういうことをチームで共有して、週ごと、月ごとに、どのような会議体で意思決定していくべきか、といったことも重要な要素になると思います。

また、自社には十分なデータがないと認識されているお客様もいらっしゃいますが、目的を起点に考えると、まずビジネスで何を解決したいのかというテーマがあって、十分でなくとも現状のデータで分析を進めることでデータの課題が見えてきたりします。その課題をアセスメントしながら、データ蓄積はどうしていくべきかといったことをお客様と一緒に考えていくことが将来の資産になっていくと思います。

――おっしゃる通りですね。一般企業でよくある話は、DXしなくてはいけないという話になって、経営企画あたりが音頭をとって、外部のコンサルに頼むと、そこが大風呂敷を広げてデザインを描き、それを受けて上から、手段が目的化したような目標ができて社内を動かそうとする。でも結局それは、カルチャーを変えているわけではなくて、とりあえず外見的な形だけをそれっぽく見せている感じになっている。

井上　その点は、我々も悩んでいる部分でもあり、お客様も悩んでいる部分だと思います。進めるということに目的を置いてトップダウンでやることは、推進力やスピードに大きな効果があると思いますが、それだけでデータ分析が日常になっていくことはないと思います。

柘植　例えば営業施策改善の分析結果が出たときに、どんどん試行の数を増やしＰＤＣＡを高速回転していくのが成功への近道ですが、「この精度だとまだ使えない」「営業部門に説明するには早い」というように、データ分析からアクションに踏み出せないというケースが多く見られます。一方で、営業部門では従来の経験や勘だけでやり続けている日常がある。

とにかく、もっと気軽に、具体的なアクションにつなげていけるかが成否を握ります。

日本企業を変えるには

柘植　でも最近は、それができる企業も増えてきた感じがします。

――教育はリアルなその会社の各部署のお題を解くというやり方の教育なのか、それとも、何か仮想

的な課題を解くのでしょうか。

柘植　解くのは自社のリアルな課題です。

自分たちが抱えているビジネス課題を基にして、テーマ設定は何にするか？　どのデータを使うか？　分析の方法は？　解釈の仕方は？　施策の選び方は？　振り返り方法は？　などの一連の流れを、ＫＩを触りながらキーエンスのデータサイエンティストのレビューを基に進めていきます。その過程で、データの見方や意思決定するプロセスを体験してもらう。正直、一個一個の分析でミスしようが、やってみて失敗しようが関係ありません。

そうやってＰＤＣＡを具体的に回していって、部門の上長から実際に「ちゃんとデータを使って成果を出しているじゃないか」と言われると、やっていた人たちも達成感を感じます。そうしたところから殻が破れてカルチャーが変わっていけば、いい循環も生まれるのではないかと思います。お手伝いしている我々もうれしいです。

――上長からそんな認知を得たらうれしいですよね。

井上　その瞬間を分岐点に、様々なことが変化したプロジェクト、会社を数多く見てきました。

——素晴らしいです。お話を伺っていて、いろんな意味で、私も元気をもらいました。

井上　キーエンスのデータサイエンティストにも、過去、分析をしても会社に変化をもたらすことができなかったという思いをしてきた人もいますので、外からでも会社を変えるお手伝いをできていることはやりがいにつながると思います。

そして、こうしたことをやっているのが、コンサルティング会社ではなく、キーエンスという実際のビジネスをしている企業であるということが、クライアントが前向きにチャレンジしてみようと考える一つのエッセンスになっていると思います。

——ほんとそうですよね。おそらく日本はもちろん海外を見ても、製造をメインにしている会社がこういうことをしている例はあんまりないんじゃないですか。

井上　そうかもしれません。

——そういう意味じゃ、壮大な社会実験と言えるのではないかと思います。

キーエンスさんは、今までは自分たちの仕事を科学するということをしていたわけですが、これか

ら、他社を変えるにはどうするかを科学されていくというわけですね。そういったマインドを持ったキーエンスさんという会社が日本の国にある中で日本企業がどう変わるのかって、それを想像すると、すごいわくわくしてきますね。もちろんそんなに楽なことじゃないと思いますが。

井上　小さな一歩だとしても波紋を起こすきっかけになればうれしいです。

――ちなみに、KIは海外のお客さんにも売っているんですか。

井上　海外へも事業展開していきたいと思っていますが、日本とは異なる意思決定プロセスがあるのではないかという仮説は持っています。海外の場合、業務がジョブごとに定義されていて、分析は分析の専門家という役割がしっかり分かれているのではないかと思います。

――たしかにそうですね。

井上　日本で言うと、ビジネス現場の人がデータを使って意思決定をしていこうというマインドがありますが、海外の場合、それは分析専門家の仕事ですということになると、現場の人たちがそういうマインドにはなりにくいと思います。そうなると今の私たちの進め方、考え方のまでは合わないかもしれません。

——私も同じような仮説を持っていて、海外ではジョブごとに役割分担して仕事しているのに対して、日本の企業はメンバーシップ型雇用で、一人ひとりの社員が一気通貫で仕事している。だから、ビジネス現場の人がデータを使って意思決定をしていこうとする。そういう日本企業の特徴が、データを意思決定に活用していく上での強みになるんじゃないかという希望的な仮説は持っています。

井上　そうですね。ですから、日本において、日本企業であるキーエンスが開発したＫＩというソリューションは、日本の企業カルチャーの良い部分を引き出すという点で強みがあると思います。海外の企業が実感を持ってそのカルチャーを理解し、サービス化するということは難しさがあると思います。

——そうですね。

井上　同じように、日本企業である私たちが、異なるカルチャーを持つ海外において意思決定につなげられるようなサービスを提供していくということは大きな挑戦になると思います。

——そういう意味でもKIはすごいですね。今までは日本企業は、ほとんど、メード・イン・海外のソリューションを輸入して使っていたわけです。それは、どちらかというと、ジョブ型の会社のカルチャーの中で生まれたソリューションを無理やりメンバーシップ型の会社の中に輸入してやっていたのを、今回初めて、メンバーシップ型の会社の中で生まれたソリューションをメンバーシップ型の会社に売っている。

ということは、このデータ時代に、日本企業の特有のカルチャーにベストフィットしたものが初めてできた。だから、希望的仮説としては、それがデータ時代の日本の企業の強みになればいいと思います。

（二〇二二年九月一三日）

井上泰平（いのうえ　たいへい）**（左）**
データアナリティクス事業責任者。新卒でキーエンスに入社。キーエンス社内のデータ活用、データ主導の事業運営を推進する「データ分析プロジェクト」を組織化。クライアント企業のデータ活用や、データに基づく意思決定・業務プロセス改善を支援する新規事業を事業化。2018 年より現職。

柘植朋紘（つげ　ともひろ）**（右）**
データアナリティクス事業グループ マネージャー。新卒でキーエンスに入社後、コンサルティングセールス・人事採用を経て、データをフル活用したマーケティング・営業推進・販促活動に従事。その後、「データ活用ノウハウ」を基にした『データ活用支援事業』を幅広く展開中。2019 年より現職。

▼インタビューを終えて

私は、井上さんと柘植さんへのインタビューで、日本企業はデータドリブンな企業になれないのではという悲観的な思いが解消しました。なぜなら、純日本企業であるキーエンスが、私が理想とするデータドリブン企業の形（＝データを生かして意思決定の合理性を追求する組織）をなしていたからです。

では、なぜ彼らは成功しているのでしょうか？　その理由は、あらゆる意思決定の理由や結果の原因を問う、すなわち「なぜ」を徹底して問うカルチャーにあると確信しました。「キーエンスにＤＸ

推進という取り組みはない」という言葉には、大切なのはデータやAIといった道具を揃えることじゃない。「なぜ」の答えを追究しようとする気持ちさえあれば、それに応えるべく自ずとデータやAIを使うようになる、という意識を強く感じました。

なぜキーエンスはこのようなカルチャーを作ることができたのでしょうか。それは、社名に込められているように、創業当初から経営者が「最小の資本と人で最大の経済効果を上げる」という理念を掲げてきたこと、また、そのようなカルチャーを維持するために、人事制度や社員行動において様々な工夫をされてきた賜物です。

もう一つ、「KI」という分析ツールの成功ストーリーにもキーエンスのカルチャーを感じました。井上さんや柘植さんは、どういう意志で「KI」を外販しようと思ったのでしょうか。社内でデータをマーケティングに活用する仕組みができつつある中で、このソリューションがキーエンス以外の会社にとっても役立つものだと気づき、これを提供していくビジネスをしていこう、そういう意志で動いたのでしょう。キーエンスの社員一人ひとりが「与えられた仕事（だけ）を責任を持って担う」という姿勢ではなく、「会社を通して社会に貢献する」という大きな姿勢を持っていることが垣間見られます。そういった姿勢が「KI」を生み、「なぜ」を問うカルチャーが「KI」を成功に導いたのです。

ただ、キーエンスの成功例は、日本企業でもできるという安心感をもたらす一方で、企業文化という、人間で言えば価値観や性格に相当するような、非常に変えにくいところに鍵があるということで、他の企業がすぐに見倣えるものではないです。私自身も、どうしてキーエンスでは「なぜ」を徹底的に問えるのかが疑問で、インタビュー中に繰り返し質問しましたが、井上さんと柘植さんからの「キーエンスでは当たり前になっています」という答えに、他企業との根本的な違いを感じました。

でも、すぐに変革できないからといって手をつけず、対症療法的な取り組みに終始していると、いつまで経っても日本企業はデータドリブンな企業にはなれないです。企業文化を変えることは、一朝一夕にできることではありません。粘り強く「なぜ」を問う企業文化に変えていくことしか道はないのです。

ＡＧＣ
――課題設定力こそがＡＩ活用の鍵である

ＡＧＣ株式会社（旧旭硝子）の小野義之さんとは長年の知り合いです。私は、以前から、小野さんのことをスーパーマンだと思っています。通常のデータサイエンティストは、課題を与えられたところからが出番です。一方、小野さんは、ビジネス課題が何であるのかまだわからないところから登場します。そして、「因果連鎖分析」という独自に開発した手法を用いて課題を明らかにし、その解決に必要なデータも明らかにします。だから、通常のデータサイエンティストが解決できないことを、小野さんは次々に解決していきます。周囲から「魔法使い」と呼ばれているのもわかる気がします。

ＡＧＣは、二〇二〇年そして二二年、二三年と三回も、経済産業省が東京証券取引所と共同で選ぶ「ＤＸ銘柄」に選定されています。小野さんの取り組みも、受賞の遠因となっているかもしれません。それほどの成果を上げる「因果連鎖分析」について詳しく知りたく、小野さんへのインタビューに赴きました。

第一ステージはものづくりの現場から

――小野さんはＡＧＣ株式会社経営企画本部ＤＸ推進部にお勤めとのことですが、まずはＡＧＣさんのＤＸの進め方の特徴について教えていただけないでしょうか。

小野　はい。最初に一つお断りしておきたいのですが、ＡＧＣのＤＸには多くの部門や人が関わっているため、今回のお話はＡＧＣを代表するものではなく、あくまで私から見た印象や考えであることにご留意ください。また、ＡＧＣと明言した時以外は、日本企業全体を指した一般論でお話ししているとお考えください。

――会社ではなく、小野さん個人のお考えということですね。こちらもぜひその観点からお話を伺いたいと思っておりました。

小野　さて本題に入りますと、ＡＧＣのＤＸは、私が所属する経営企画本部ＤＸ推進部のほかに、データサイエンス技術を扱う研究所と、現場のデータ活用を進める改善部門の三部門体制で進められています。DX推進部は、全体の方向性やルールづくりを扱っているほか、DXのよろず相談窓口のような活動も行っています。

――三部門が得意とする領域をそれぞれ担当されている様子が窺えます。他社にはない面白い特徴ですね。

小野　AGCのDXは第一ステージと第二ステージに分かれています。まず、第一ステージのDXを始めたのは二〇一七年八月一日のことです。偶然にも私がAGCに転職したその日なのですが、我々の部署であるスマートAGC推進部（後のDX推進部）が発足しました。

――AGCさんの第一ステージの対象は、工場の生産性改善や品質向上といったものづくりが中心と聞きました。

小野　はい、その通りです。私自身はデータが関わる仕事なら何でもしますというスタンスでしたので手広くやっていましたが、当時はやはり工場のほうが多かったですね。

――最初は工場のものづくりからという会社が多いのですが、何か理由でもあるのでしょうか。

小野　私の印象では、工場分野のほうがわかりやすいからだと思います。工場では従来からQC活動を行っており、歩留まり、スループットなどを定量的な指標で管理するという考え方がありますので、その数字が改善できるといえば「それはいいね」となりやすいのではないかと思います。

——成果が定量化しやすいということでしょうか。

小野　はい。QC活動を行ってきた人たちは、改善するという考え方に慣れているというのもあると思います。

——言い換えると、改善するということに対して抵抗がないと。QC活動を行ってきた人にとっては、新たにデータ分析という手段が加わっただけのように感じるということですね。

小野　現場の人からすると、おそらくそう感じると思います。私は異業種から入ってきたので、AGCのような素材業については右も左もわからなかったのですが、そんな私がAGCに入ってすぐに行った仕事は工場の歩留まり改善でした。第一印象はやはりものづくり業に共通する悩みなんだなというもので、それまで不良品がたくさん出ていたある製品のデータ分析を行ったところ、納得感のある解が得られ、すぐに改善することになり、不良品がゼロになりました。このあたりから、一部の人たちに知られるようになったという感じですね。

——その一部の人たちというのは、ものづくりの現場の人が多いということですね。ものづくりの現場でQC活動を行ってきた人も、最初はデータ活用に対して半信半疑だったのが、小野さんの成果を目の当たりにして納得する。

小野　一つでも成功事例があると社内で紹介できるようになります。「どこどこの部署はこういう悩みがあって、データを使ったらこんなことができました。普通のやり方だとなかなかたどり着けないことです。ぜひあなたたちの部署でもやってみませんか」とお誘いするのです。

——小野さんがご自身で声をかけるんですか。

小野　はい。私は押し売り屋さんでした。「データ分析やりませんか、きっと役に立ちますよ」と言いながら、歩き回っていました。

――ものづくりの場の方々の信頼を得た。それが第一ステージということですね。

小野　そうですね。もちろん、私だけではなくて、冒頭に述べた部署やその他の部署にも似たような取り組みをしている人がいて、少しずつ成功事例が増えていきました。そうしているうちに「うちの部署でもやってみようか」という声がだんだん広がってきたと感じています。

第二ステージで他部門へ広がる

――そして第二ステージは、製造からマーケティング、営業に至るまであらゆる部門の推進活動を展開する。ここが驚きです。AGCさん以外にも、ものづくりにターゲットを置いて、そこそこ成功している会社はいくつか知っているのですが、ものづくりの現場から一歩出て、マーケティング、営業、さらに例えば人事や経営などにデータ活用するということになった途端に、成功している会社は数えるほどしか存在しない。まさにこの点が一番大きなブレークスルーと感じます。ポイントは何だったのでしょうか。

小野　二〇二〇年が一つの節目になっています。それより前が第一ステージ、それより後を第二ステージと呼んでいるのですが、第一ステージは工場などのものづくり領域で、第二ステージはお客様に付加価値を提供するためのビジネスモデルの変革のようなことがテーマになっています。

——第二ステージに向けた準備はいつごろから行っていたのでしょうか。

小野　先ほど私が入社した二〇一七年にまずは工場からスタートしたと言いましたが、じつは同時進行で営業やマーケティング領域をすでに始めていました。AIを使ってどういうお客さんに売れるのかという計算などはすでに行っていたのです。営業やマーケティングのシステムが整備されておらず、データが至る所に散らばっていて結合も困難。そんな状況でデータをかき集めながら、なんとかつないで、最初の分析結果を出すまでに三ヵ月くらいかかったと思います。

——最初の分析結果はどのようなものだったのでしょうか。

小野　二つぐらいの大きな知見がありました。データ量の関係で仮説レベルではありますが、例えばお客様のターゲティングが少しずれていたことなどです。当時はテーマの選定などはあまり考えておらず、何でも手広くやっていまして、第一ステージ、第二ステージという考え方が出てきたのはもっと後のことです。第二ステージになってから、営業、マーケティング領域の人たちの間で彼ら自身もＤＸを推進しなければという意識が徐々に高まってきて、協力が得られやすくなったと思います。

――上からのプレッシャーもあったのでしょうか。

小野　はい。それでやりやすくなったところもありますし、逆に問題が増えたところもありました。これが私から見た第二ステージですね。第一ステージはまだ草の根的に営業やマーケティング領域を細々と行いながら「こんなこともできますよ」というレベルでした。

――なるほど。でも、第一ステージで小野さんが携わった営業やマーケティングの領域で成果につながったケースがいくつかあったわけですね。

小野　定性的ではありますが、今までのターゲティングと少し違うところを狙いましょうということで、多少なりとも方針に反映されたのは成果と言えば成果かもしれません。この段階ではデータ整備や協力体制がまだまだ不十分で、そこまで高度な取り組みはできていませんでした。とはいえ、私自身は過去にＡＩを使って売り上げが何十％も伸びるということを普通に経験していましたので、営業・マーケティング領域が重要だという考えは変わらず持ち続けています。

日本企業でデータ活用が進まない理由

――小野さんにとっては簡単かもしれませんが、世の中の人にとっては、データやＡＩを活用して売り上げを何十％も伸ばすというのは大変なことです。コストダウンや品質改善はできるのですが、売り上げアップにつなげるという点ではなかなかうまくいかない。小野さんは前職時代の成功体験を生かして、今まさに活躍されていると思うのですが、そんな小野さんから見て、他の会社が営業やマーケティング、人事、経営などの分野でなかなかデータ活用できていない状況をどのように見ているのでしょうか。

小野　これは私個人の考えなのですが、まず認識してほしいのが、ＡＩは基本的に人間より優れているということです。ＡＩが出す結論や判断は、変な先入観が入らない分、基本的に人間を上回っているのが普通です。ただそのためには、ビジネスをどう変えていきたいのか、そのために必要なデータは何かということを徹底的に検討し、頑張ってそれらのデータを集めてきて、データ分析がビジネス上の意図に連なるように意識しながら、事前にデータ収集や分析方針を設計する必要があります。それをやらずに、その辺にあるデータを適当にデータ分析ツールにかけて「これがＡＩです」などとやるからなかなかうまくいかないのだと思います。このようなテクニカルな面が一つですね。

それから、もう一つ大きな問題があると考えています。これはＡＧＣ固有の話ではなく、日本企業全般に言えることだと考えているのですが、企画やマーケティングを行っている人たち、さらに、研究分野や新しいビジネスを立ち上げようとする人たちは、基本的には自分のやりたいことをやりたいという考えを強く持っているように見受けられます。誰かに横やりを入れてほしくない。他人から言われるのも、ＡＩに言われるのも嫌。自分が行ったことがうまくいったかどうかの効果検証というのは、ビジネスではよく行われることですが、企画・マーケティング・研究・新規事業などの分野で「効果検証はＡＩ技術でできるんですよ」と言ったら、嫌な顔をされることが多々ありました。

――つまり効果検証を見たくないということですね。

小野　データ分析ではどんな結果が出るか実際にやってみるまでわかりませんからね。端的に言えばそういうことなのかなと思います。本質を突き詰めれば、仕事をする動機が、売り上げを上げることではなく、自分のやりたいことが優先になっているのではないか。これが今の日本企業の大きな問題点なのかもしれません。ＡＩがこうやると売り上げが上がるよと示唆しているのに、やらない理由をたくさん並べて、結局は自分のやりたいことを続けようとする人は多くいます。

――ビジネスというより自己実現の場のようになっていると。

小野　会社のビジネスの目的と自分の人生の目的、言わば自己実現が揃っていることが理想だと思います。実際にはなかなか難しいところもあるのですが、なるべく揃えようと一定の努力を続けるのがいいのかなと思います。経営学では、会社の目的というのは割とはっきりしていて、企業価値、すなわち株価ですね。そしてそれを支えるのが売り上げと利益の将来性です。

人間には半ば本能的に、製品の性能を思いきり突き詰めたいとか、素晴らしいサービスを提供してお客さんに喜んでほしいとか、誰にも負けないインパクトのあるコマーシャルを作りたい、などの欲求があると思います。それらはビジネスから見ると手段の一つという側面がありますので、やはり思惑を一致させておきたいところです。昭和から平成にかけて、多くの日本製品が過剰品質で顧客のニーズからずれていったのは記憶に残るところです。

――どうやって一致させるのでしょうか。自己実現は忘れて、会社の売り上げや利益だけを考えなさいということですか。

小野　ＭＢＡを学んだ人であればそのような考えも受け入れられるかもしれませんが、やはり多くの人は売り上げや利益を直接モチベーションの源泉にはしづらいと思います。自分のやりたいことと、売り上げ・利益との間に因果関係がある状態を作ることによって「Ｗｉｎ－Ｗｉｎの環境を作る」ということです。そうしないと、自分の成長も止まってしまうのではないでしょうか。ビジネスのプロとしてロジカルに仕事の成果を目指していくと、たくさんの壁にぶつかりますが、その壁を乗り越えた時に得られるものは、アマチュア的な思い付きによるやり方よりもはるかに大きく、自信にもつながると思います。このあたりの話は、ＡＩにも当てはまります。今のＡＩ技術者は難しいＡＩをやること自体が楽しくて仕方がないように見えます。

――難しいＡＩをすることが自己実現になっているということですね。やるべきこととやりたいことが一致していない。では、ＡＩ技術者は、どういう姿勢で臨めばいいのでしょうか。

小野　ビジネス上の問題を整理して解くべき課題を発見する課題設定からデータによる解決まで、ひと通りのプロセスを身に付ければいいと考えています。そうすれば、ビジネスの本質的な問題を見つけて解決に導くスキルが身に付き、業種問わずに活躍できると思います。問題を見抜く力とデータを分析する力の両方を持っていると、業種の壁が感じられなくなり、ジェネラリスト的な立ち位置を目指すことができると思います。

――「なぜ、日本の多くの企業は工場のものづくりではデータやＡＩの活用ができているのに、ほかの分野はできていないのか」という問いに対して、小野さんから二つの答えをいただきました。一つは自己実現の問題です。ＡＩを活用したいというデータサイエンティストの欲望や、自らが発案した施策を正当化したいというビジネス担当者の欲望が、会社全体の売り上げアップという方向性とが合致していない。もう一つは、データ分析を行う前に、何が問題でそれを解決するためにどういうデータから何をアウトプットしたいのかという設計をせずに、いきなり分析をしているのではないかということですね。

小野　はい。そうなります。問題をきちんと設定しないで進めてしまう。それはジェネラリストとしての能力が不足していると捉えることができるかもしれません。

課題設定力の重要性

――小野さんはいろんなところで講演もされていますが、常々話されるのが「データをビジネスに活用するには課題設定力が不可欠」ということです。課題設定力の重要性を、日本国内で小野さんほど強く指摘する方はいないのではないかと思います。普通ならデータやAIの活用といえば、データサイエンティストやデータ基盤や分析手法などに注目すると思うのですが、「課題設定力が不可欠」と説く理由を教えていただけないでしょうか。

小野　これはビジネススクールで学んだことの影響かもしれませんが、課題設定力が大事というのはデータに限った話ではなく、ビジネス、そして人生のあらゆる場面で大事になる考え方だと思います。そもそも何が問題なのかがわかっていなければ、問題を解決することはできませんよねということです。

大前研一氏のビジネススクールでは、MBAはプロブレムソルバー、つまり問題解決者であると言われます。そして、まずは問題解決を始めようとする前に、そもそも本質的な問題が何なのかを見つけなさいと。それができなければ、解決などできない。MBAの役割として最も重要なことは本質的な課題を見つけること。そこにエネルギーの大半を使います。本質的な課題さえ発見できれば、問題解決はもう成功したようなものだと教わります。私は経験的にも本当にその通りだと思っています。具体例をあげると、最近、どこの会社でも営業顧客管理システムの導入を検討しています。カスタマー・リレーションシップ・マネジメント（ＣＲＭ）などと呼ばれているものです。

——誰を訪問して、どんな話をしたかなど入力して、顧客情報を管理するものですね。

小野　多くの日本企業がＣＲＭの導入を検討しています。すでに導入している企業も多いでしょう。これは典型的なデジタル化案件で、ＣＲＭを支援するコンサル会社も多数あります。しかも、大規模なプロジェクトになることが多くて、簡単に数千万円のお金が動きます。

——デジタル化が高額なビジネスになっているわけですね。

小野　じつは、ＣＲＭのシステムを作っている会社で講演したり、他の講演者のお話を聴いたりしたこともあるのですが、その中にシステム導入で成功したと自ら語る企業がどのくらいあるかという調査結果があったのです。成功したと答えた企業はわずか二割。残り八割は失敗したか、成功とは言えないということです。

――それは興味深いですね。

小野　これも典型的な話で、日本企業にありがちなのですが、目的と手段を混同してしまい、システム導入自体が目的になっていて、システムが入ると「終わった終わった、これは成果だ」となってはいないかということです。

――会社員的にはシステム導入が担当者の目標管理（ＭＢＯ）になっていて、目標通りに導入した。これで給料が上がるだろう、というような話ですね。

小野　まさに典型的な、課題設定をしていないケースだと言えます。その次に何が起こるかというと、営業の人が会社に帰ってきて、せっせと入力して、その分手間が増えたのに、実は誰も見ていない。せっかく入れたデータが活用できていない。こんな現実を自分の目でも見てきました。

――システム導入がゴールになっているというのは、どこの企業にもありそうですね。

小野　私がコンサルティングに入るとどうなるのか。「そもそも何をどうしたいのですか」と聞きます。システム云々は置いておいて「あなたが本当に困っていることは何ですか、あなたの会社の営業上の問題は何ですか」というところから入ります。あるいはもっと上流のところで「お客さんは何を求めているのか把握できていますか」という分析から入ります。

そうすると、どういう答えが出てくるのか。例えば、「自社製品を買ってくれそうなお客さんはどういう人たちなのか、何を目的に買っているのか、よくわかっていないから、それがわかるようにしてほしい。それを知ったら、その人に合わせたプロモーションを行ったり、今後の製品開発の方向をシフトしたりしていけるのに」と。このような話を実際に手掛けたことがあります。「トップセールスが持つノウハウが退職によって消えてしまうから、そのノウハウを明らかにして、経験の浅い営業マンでも似たようなレベルの営業ができるようにしたい」という話もありました。こうしたこともＡＩ技術を使うとある程度できるのです。

――小野さん流のＣＲＭをお聞きしたいですね。

小野　営業の人に「今日はどことどこに行ってこんな話をしました」というような単なる日報を書いてもらうのではなく、訪問先の企業や担当者の情報、現在の検討段階、競合企業の有無やその動き、交渉の中心は価格なのか性能なのか、そのビジネスに固有のお客様の属性情報があればそれも。このような情報を分析可能なデータとして扱えるようにあらかじめシステムを設計しておいて、それを入力してもらう。人間力に優れた営業の人を、言わば高度なセンサーとして活用させてもらうということです。

そうすると、データ分析によってお客さんの本当のニーズが見えてきて、これまでとは異なるレベルの営業活動ができるようになります。実際には、こうした考え方に触れる機会がないまま、コンサル会社と組んでシステムを導入してしまうというケースのほうが多いです。数千万円もかけたのに、単なる日報システムができあがってしまったというケースはよく耳にします。

――今の小野さんの話を整理して言語化すると、何が課題であるかということをきちんと追求し、その課題を解決するためには、どのシステムにどんなデータを入れれば課題解決できるのかというところまで設計して初めてシステム開発といえる。しかし、全部をすっ飛ばして、いきなりシステムを導入して、それが目標化している。こんなことではうまくいくはずがないということですね。

小野 「何が問題か、何が課題か」が重要なのですが、じつはこれは簡単なことではなく、専門的なトレーニングを受けた人ではないとなかなかうまくいきません。プロブレムソルバーたるMBAの勉強量の多さがその裏付けになっています。こういった知識を持たないまま、担当者が集まって会議しても、なかなか本質的な課題にたどり着けないことが多いのです。なぜなら、問題の本質は、その人たちが無意識に行っている潜在的なオペレーションの中に隠れているからです。

問題と課題

――「何が問題か、何が課題か」を見つけるためには、専門的なトレーニングが必要。これはすごく大切なメッセージですね。問題の本質というのは潜在的なオペレーションに潜んでいる可能性があるために、担当者レベルの議論ではなかなか答えは出てこないと。ここで小野さんの流儀を尊重したくてお聞きしたいのですが、問題と課題を使い分けますか。

小野　使い分けているつもりですが、たまに混乱することもあります。問題は、今まさに起こっている困りごとやトラブルのようなもので、理想と現実にギャップがあるために生じている事柄です。一方、課題は、問題を解いて解決しなければならないという取り組みの段階に引き上げた時のことと考えています。

――問題は経営的な視点からあるべき姿、なってほしい姿と現状とのギャップであり、課題は問題を解消するためには何を解けばいいかということですね。

小野　「何を解けば」までいくのが理想ですが、まずはやらなければならないとの認識が第一歩かと思います。解決する道筋をある程度イメージするあたりまでを課題設定と呼んでいます。まずは現状を整理。現状は暗黙知化されていることが多いので、まず可視化して形式知化します。その過程で問題が、至る所からいくつも見つかってくるのです。

――その時点ではまだ問題ということですね。

小野　まだ解決しようとしていないので問題です。「その問題の中で真っ先に取り組まなければならないのはどこですか。一番根っこにある問題は何ですか。それが真の問題ではないですか。それではどうやって解決しましょうか」と進み、解決しなければいけないという認識になって、具体的に方法論を考え始めると、その時点で課題に変わると考えています。問題は現状の姿そのもの。課題は、それを見た人の、何かをしなければという意志と具体的な手順を指しています。

——手順まで考えるということですか。

小野　はい。問題や解決の方法は一本の線ではなく、複雑に絡み合っていることが多いのです。このあたりを可視化してみるとよくわかります。この図を描いている途中や、道筋を探索している間は課題設定の途中、解決のための道筋が見えたら課題設定が終わったと考えています。

——小野さんの、問題と課題の使い分けとしては、積極的に解決していこうというフェーズに入っているかどうかということでしょうか。

小野　大きく言えばそんな感じです。国語辞書で確認しても日本語の定義から大きく外れていないと思います。問題というのは、理想と現実のギャップ。課題は、そのためにやるべきことというのが一般的な辞書の説明です。ギャップを認識しながら放置したら、課題とは言わずに問題のままです。何か変えようとして、やるべきことがきちんと決まっていたら、課題になります。ただし、やるべきことは簡単に決めてはいけない。ロジカルに分解して決める必要があります。その作業のことを課題設定と呼んでいます。

――例えば、お客さんとの接点が持てていないとするならば、そのことに気が付いた段階ではまだ問題ということですね。

小野　そうですね。接点が持てていないことが問題だとしたら、接点が持てるようにしないといけません。何のために接点を持つのか、接点を持つにはどうしたらいいのかと考えるようになれば、課題設定に入ったという感じです。こうすればお客さんとの接点が持ててこんなことができそうという仮説が固まってきたら、課題設定がほぼ終わったという感じですね。

――それが課題ということですね。

小野　今はデータ時代なので、その仮説が正しいかどうかもデータで立証できてしまうことが多いです。そうすると次は解決の領域に入っていくという認識です。日本企業は何が問題かがわかっていない場合が多いように見受けられますので、問題を見つけることも含めて課題設定と呼ぶこともあります。私から見ると結構ひどい状況なのに当事者は問題だと思っていなくて、その問題に気づかせることも課題設定の一部と言ってもよいかもしれません。そう考えると狭い定義と広い定義があるのかもしれません。

――広い意味での課題設定をせずに、いきなりデータやＡＩを活用しても限界がある。小野さんの経験からすると、ビジネス担当者と対面して「そもそも問題は何なんですか」というところから始めると、高度な分析手法なども使わずに解決することもある。課題がわかった時点で、解決策も出てくることがあるのでしょうか。

小野　実際にそういうことが結構あります。私のところにデータ分析の相談に来たのに、議論して可視化するだけで答えが出てきて、いきなり歩留まりが上がったこともあります。

――先ほど「課題設定力が大事というのはデータに限った話ではなく、ビジネス、そして人生のあらゆる場面で大事になる考え方」とのお話がありましたが、基本である課題設定がそもそもできていないことがいちばん大きな問題ではないかというご指摘ですね。

小野　視野を広げて経営の世界の課題設定を考えると、日本企業はブルーカラーの生産性は結構高いと言われてきました。製造業は改善活動をずっと行ってきたからです。しかし、ホワイトカラー、すなわち本社にいるような人たちの生産性は先進国の中でも特に低いと言われています。この状態を問題と思わずに、高度成長期、バブル、そしてバブル崩壊へとずっと放置してきました。失われた三〇年における問題はホワイトカラーに集中しているのではないかと考えています。その分、この領域はＡＩ化によって飛躍的に改善する可能性があると思いますが、そのように考えていない人や組織も多いと思います。

――小野さんは失われた三〇年の解決に挑もうとしているのでしょうか。

小野　さすがにそこまでは……。一人でできることには限りがありますので。その方法論の一端を提供して、少しでも多くの人が製造現場だけでなくホワイトカラーの改革もＤＸで進めていく、その後押しができればいいなと考えています。

これは個人的な見解ですが、日本の戦後の教育システムはロジカルシンキングやプロブレムソルビングという要素がすっぽり抜け落ちているように見受けられます。ちょうどそれを教えているのがＭＢＡであり、私が学んだ大前研一氏のビジネス・ブレークスルー大学大学院でも重視しているポイントです。いろんな情報をかき集めてきて、本当の問題は何なのかというトレーニングを徹底的に行います。

今の日本の教育は質の高い労働者を育てるためのものになっているように思えます。高度成長期の教育がまだ続いていると言ってもいいかもしれません。義務教育では足りず、ＭＢＡを学ばないと補えないというあたりは、まさに日本が課題設定を疎かにしてきたことを示していると思います。失われた三〇年は、日本全体が問題意識や課題設定を忘れたままの三〇年だったと言い換えられるかもしれません。

——根が深いことに、何が問題かを考えることよりも、与えられた問題を正しく解くということに、教える側も学ぶ側も一生懸命。日本社会全体が、与えられた問題を正しく解くという歯車だけで回っているように感じています。

小野　同感です。だからこそ、問題意識や課題設定の方法論が重要だと考え、自分なりに整理し続けています。この考え方を紹介すると、勘のいい人はとても驚いて飛びついてくれます。そういう人が二割くらいいる印象です。

——データやAIの活用はホワイトカラーの生産性を向上させる大きなチャンス。すでに世界中の企業が謳歌していますが、日本企業はそもそもの課題設定ができなくて、国際的なホワイトカラーの競争力の差がますます大きくなっているということですね。

因果連鎖分析とは

――小野さんは、課題設定を進めていく方法として、「因果連鎖分析」という手法を提唱されています。この小野さんの因果連鎖分析という手法について、教えていただいてもいいでしょうか。

小野　例えば、データ分析を勉強している学生さんをイメージしてお話ししますと、この学生さんたちが会社に入って、仕事でデータ分析をやり始めると、おそらく一年か二年で、こんなはずではなかったと悩むことになるだろうと思います。会社に入って分析してみたら相手が分析結果に納得してくれないとか、なかなか目に見える成果につながらないとか、そのようなことがたくさん起こります。これらはすべて課題設定が不十分だからだと考えています。

――具体的な事例をあげて説明いただけるとわかりやすいと思います。

小野　成功例でお話ししますと、例えば、コンシューマー製品の商品企画では人の感性と流行だけで売れ行きが決まるような商品がたくさんあります。だいたいその道のプロや大御所と呼ばれる人がどの商品が売れるか予測して販売する商品を決めていると思います。ここに因果連鎖分析を導入して商品が売れる理由をモデル化し、ＡＩでデータによる立証を行うと、何が売れるか、人よりも正確に予測できることがあります。因果連鎖分析では流行や人の好みを定量的に捉えるための方法が用意されています。それによって、売り上げが何十％も伸びる。さらに、未知の潜在市場を見つけることもできました。

次に販売です。今は、Ｅコマースが普及しています。でも商品をどのようにすれば売れるのかがわからない。お客さんに表示する順番が先になったほうが売れそうなのはなんとなくわかるけれど、その順番がどうやって決まっているのかがわからない。なぜなら、順番を決める計算式はプラットフォーマー、すなわち運営会社が隠し持っていて、教えてくれないからです。

でも、因果連鎖分析とＡＩを使って解析したところ、「先に表示される」キーファクターがわかりました。これは予想とまったく異なるもので、本当にこんなものでいいのかと。しかも一回当たりのコストがあまりかからない。これくらいならと試しにやってみたら、シェアがいきなり跳ね上がりました。

――検索した時の表示順が上位にくるようになったということですね。

小野　表示順が上がって、売上高が急増して、ライバル会社の売り上げがカクンと下がりました。常にとまでは言いませんが、因果連鎖分析を使うと、こういうことができてしまうことがあります。

――工場の歩留まり改善も因果連鎖分析を使ったのでしょうか。

小野　はい、因果連鎖分析を使いました。このときは、その工程の詳しい知識を持っていない状態でしたので、工程の全体像を把握し、データの存在を確認するのに使いました。社内異動や転職などによって新しい職場でデータとＡＩの専門家として働くことになっても、因果連鎖分析を知っていれば、その道一〇年クラスの社員が解決できなかった問題を解決できてしまうということが起こります。経験上、ほとんどのビジネス領域で、理系文系の方を問わずに活用できる場面があります。

――因果連鎖分析の定義のようなものを教えてください。

小野　頭の中にある因果という考え方をぎりぎりまで拡大解釈して、どんどん連鎖させるというのが基本になっています。例えば、俗に「くしゃみすると誰かがうわさをしている」などと言いますが、それも人間の頭の中で考えた因果関係です。「因果関係があると思ったものはすべて書きましょう」という発想です。その範囲は自然界で起こる物理現象から、人の頭の中で考えていることにまで広がります。人、組織、社会の状態、意思決定、行動も因子としてとりあげ、それら因子の間の因果関係を矢印でつなぎます。企業で使う場合には、その会社の経営指標、経営学の用語でいう管理会計なども取り込みます。因果関係ですから、きれいな木の形にはなりません。すごく入り乱れていて、クロスしたり、ループして戻ってきたり、いくつも分岐したり、集まってきたりという複雑な絵になります。

――因果連鎖分析を行ううえで、論理的思考力が必要なのでしょうか。

小野　論理的思考力があるほうが望ましいです。因果関係があるといった時、実際には論理が飛躍していることがとても多いのですが、論理的思考力のある人は、論理の飛躍を疑って、間に段階のようなものを挟まないと話が通らないことに気づくかもしれません。そこから、人が気づいていない潜在因子と呼ばれるものを見つけることができます。

こういった隠れている要素を加えることで、因果関係の大きな仮説空間ができあがります。何が原因で、何が結果で、一体何が起こっているのかを全部集めた絵ができあがるのです。そのうえで「営業の課題はここだよね、経営指標につながっているのはここだよね」と見つけて、「現場の人がここをこう変えれば、経営指標がこれだけよくなりますよ」と。こうして処理できる方法を見つけるまでが課題設定です。

――わかりやすいように、簡単な例を使って説明していただけますか。

小野　たとえば「風が吹けば桶屋がもうかる」と言いますが、風が吹くと土埃が舞って、人の目に入って目が悪くなる人が増えて、三味線が売れる。この後がまだ続いていて、三味線が売れると猫の皮を使うために猫が捕まり、その結果増えたネズミが桶をかじるために桶屋がもうかるという話です。三味線が売れるというところまでの前半部分をデータ分析の世界に当てはめると、風速何メートルだから一立方メートル当たり何グラムの土埃が舞うのか、それによって目にどの程度付着するのか、さらに失明率は何%なのか、結果として三味線が何棹《さお》売れたのか。これが因果関係ということです（図1参照）。

ここで論理の飛躍があるのではと疑うとどうな

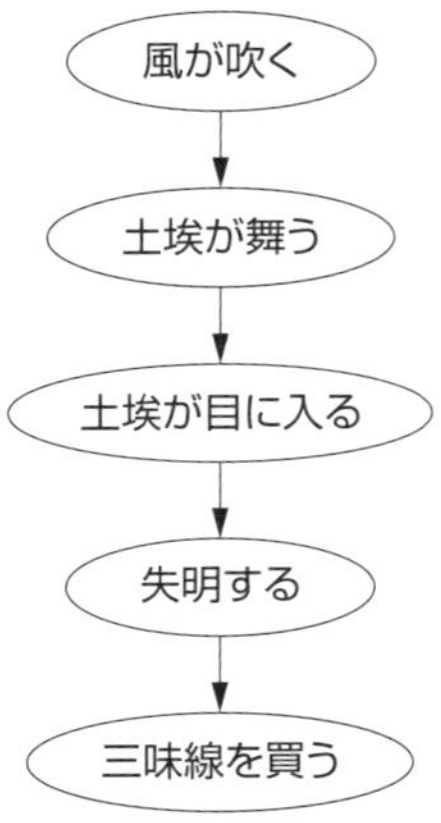

図1　漠然と描いた因果連鎖図

るのか。例えば、失明したからといって三味線を買うというのは変な話だと思いませんか。これは江戸時代の話であって現代には通用しません。このような違和感を覚えるところに論理の飛躍が隠れています。失明したら三味線を弾く仕事を選ぶ（図2参照）というのは、江戸時代では有力な選択肢だったかもしれませんが、現代は目が見えなくなってもできる仕事はたくさんあります。

――潜在因子が他にもいろいろ出てきそうですね。

小野　土埃含有量からも潜在因子

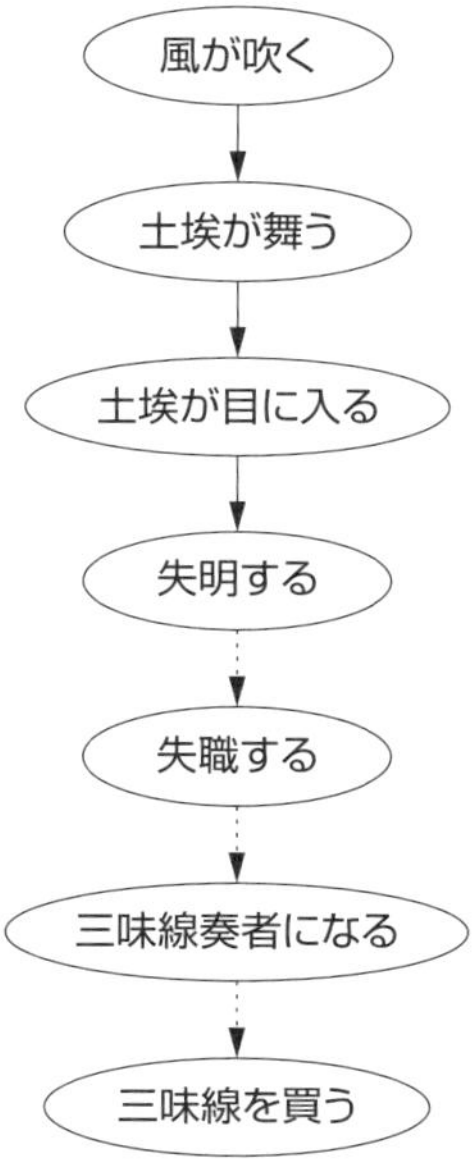

図2　論理の飛躍に気づいて改良した因果連鎖図

が出てきます。どのくらいの土埃が舞うかということ。確かに風が吹けば舞うのですが、雨が降っていたら舞わない。秋によくある乾燥した日はすごく飛びます。従って、風速だけではなく、湿度も関係する。そこもきちんと見つけ出して追加で書きます（図3参照）。

漠然と風が吹けば桶屋がもうかるの因子はわかっているのかと聞いても、いきなり「湿度」と答えられる人はなかなかいません。論理の飛躍を回避して、一個一個質問していくと、土埃が舞うのは、風の強さだけではなくて、湿度の

図3　さらに隠れ因子に気づいて改良した因果連鎖図

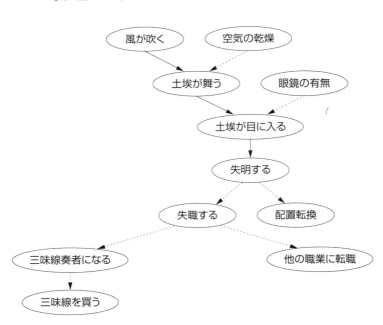

影響があることがわかります。みんな知っているはずなのになかなか出てこないものなのです。こんなことがビジネスの至る所に隠れています。

私はそれを暗黙知と呼んでいて、暗黙知を取り出して形式知化します。これが因果連鎖分析の大事な部分になります。乾燥などの季節変動要因の規則性などはＡＩがデータから見つけてくれます。ここまで来るとその道のプロより高度な答えを出すことができるようになって、人間よりもＡＩのほうが売り上げを伸ばせるようになります。ただし、ＡＩは人間がとことんお膳立てしてあげて初めてその能力を発揮するものです。このとことんお膳立てするやり方が因果連鎖分析です。

――この因果連鎖分析は必ずしもデータ分析が含まれているわけではないように思うのですが。

小野　その通りです。図を描いて因果を洗い出すだけで、現場の人が気づいて解決することも多くあります。データ分析まで行うほうがむしろ少ないかもしれません。様々な要因があってどれが本当の原因がわからない時は、データ分析にかければ、ＡＩが原因を教えてくれます。これをどんどん広げると、人間の好み、色、形、触り心地などもデータ化できます。きちんと設計すれば、マーケティングのプロや企画のプロと呼ばれる人が、ＡＩに負けることも珍しくないでしょう。潜在的な要因となるデータまで持っているＡＩのほうが予測を当てられるからです。この製品モデルを何台生産してくださいとＡＩが示して、その通りにしたら欠品にならずに上手に売り切れましたということが起きるのです。

――因果連鎖分析の派生技術もあるとお聞きしています。

小野　因果連鎖分析の派生技術がいくつもあって、例えば、業務フローを可視化して、負荷が集中するボトルネックを見つけたり、非効率な部分を見つけたり、不要な仕事を発見したりする技術があります。また、人の目的や行動を分析することで、難しい問題を解き明かす使い方もあります。人の目的や行動の分析では、勘ではなくアンケートを併用してデータで裏付けを取るので、分析している側がちょっと怖くなるくらい、問題点や改善点が浮き彫りになることもあります。

――実際にアンケートも行っているのでしょうか。その手法も従来とは異なるのでしょうか。

小野　アンケートを設計する技術は独立した位置づけにしており、高度アンケート設計技術という名前でこちらも派生技術になっています。人はなぜ口ではやると言いながら行動しないのか。その障害になっているのは何なのか。どうすればその障害を取り除けるのか。障害を取り除いたにもかかわらず、一年後も行動していないなら、その原因は一体何なのか。このアンケートによって、このような分析が可能になります。

――因果連鎖分析は日本全体の課題設定力を補う可能性がありますね。小野さん以外の方で因果連鎖分析をある程度使えるようになった人はいるのでしょうか。

小野　はい、社内外にそういった方がいます。さらにそうした方を増やすために、社内では勉強会を開いて啓蒙活動を行っています。大学の一単位分に相当するくらいの量のプログラムを作って展開していて、最終的には実務課題まで扱います。

――勉強会の対象はデータ分析する側の人ですか。それともビジネス側の人ですか。

小野　特に限定はしていません。門戸を広く開けているつもりです。社内での勉強会に加えて、例えば滋賀大学のインダストリアルアドバイザーとして講義を務めたりすることで、各所で得られた知見を相互に取り入れ、プログラムの改良につなげています。AGCにはCNA(Cross-divisional Network Activity：部門横断的ネットワーク活動)という仕組みがあり、部門の垣根に関係なく、スキルに興味がある人同士が集まって、お互いに勉強する場があります。この場を借りる形で、データサイエンティストに必要とされる三つのスキル（ビジネス力、データサイエンス力、データエンジニアリング力）のうち、ビジネス力を中心に扱っています。

――二〇一九年には異業種交流会も一緒に行いましたね。

小野　二〇一九年の異業種交流会は、河本さんと私、それにデータ分析の専門会社であるＮＴＴデータ数理システム様で共催しました。因果連鎖分析が業界に関係なく使える技術であることを証明する意味もあって、まったくの異業種一〇社の方を募集して、実際の仕事の悩みを持ち寄って、互いに因果連鎖分析を行うという取り組みを試験的に行いました。驚いたのは、いくつかの会社では異業種の方による分析によっ

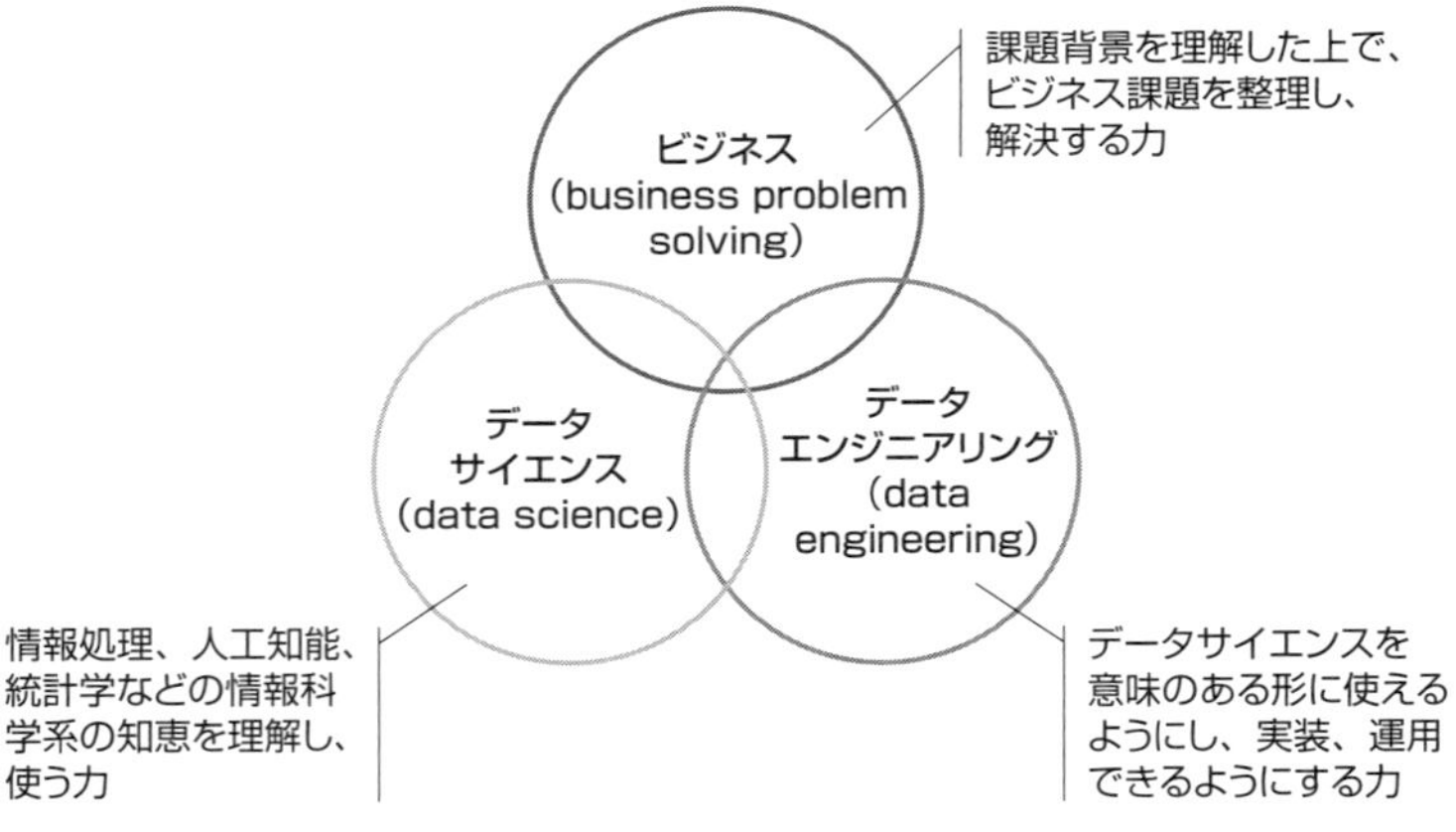

http://www.datascientist.or.jp/symp/2019/pdf/1115-1155_skill.pdfより
図４　データサイエンティスト　３つのスキルセット

て実際に業務上の成果が出てしまったことです。それ以外の会社の方も、大いに盛り上がったまま最終回まで出席されていたので、方法としては認めてもらえたと思います。この時、私はどうやったら因果連鎖分析を人にわかってもらえるかを考えていました。異業種交流会で得られた知見をベースに、社内の仕組みを作って、それをさらに単純化して滋賀大学にフィードバックしています。

——そうした努力で少しずつ小野さんの考え方は社内でも浸透してきたわけですね。

小野　まだまだ温度差はありますが、熱狂的なファンになってくれる方も出てきています。

——データサイエンティスト協会の有名なベン図には、データエンジニアリング力とデータサイエンス力とビジネス力という三つの輪があります（図4参照）。データエンジニアリング力とデータサイエンス力はプログラミング力と分析手法力のようなもので、教科書や講義もたくさんあるのですが、ビジネス力は漠然としていて、そもそも何なのかがわからない、どうやって教えたらいいかもわからない。こうした中で、小野さんの因果連鎖分析を核にした指導は特徴的ですね。

小野　いろんな人がこのデータサイエンティスト協会の図を引用するのですが、データサイエンスで成果を出せる人は、三つの輪のスキルすべてを持つことが理想と言われています。しかし、この業界では、当初ビジネス力はあまり重視されていなかったように思います。私が因果連鎖分析を外に向けて発信し始めたのが二〇一八年。それから二年ほどして一部のコンサル会社などがビジネス力について言い始めました。その結果、ビジネス力が大事だと言う人は以前より増えたのですが、具体的にどうやるのかを教えてくれる人はまだまだ少ないと思います。

因果連鎖分析に有効な一般教養

――私も小野さんのお話に感銘を受けて、因果連鎖分析を使っているのですが、現場の方に質問する力が問われるのではないかと実感しています。例えば、マーケティングで使う場合はマーケティングの基礎的な知識、工場の製造職務で使う場合はその工場の製造過程のメカニズムなどのバックボーン的な知識を持っていないと質問がなかなか出てこないように思うのです。

小野　基本的に因果連鎖分析は自分一人で悩むものではなくて、暗黙知を持っている人にインタビューをしてそれを引き出すという考え方で作られています。必要な知識はインタビューする相手が持っている。それをどう引き出すのか。テクニカル的には、先ほどお話しした論理の飛躍の回避と潜在因子の発見です。より高度で深い暗黙知を取り出す場合は一般教養が大切になります。高校か大学一、二年の教養課程で習うものが役に立ちます。自分の引き出しをいかに増やすかが重要ということです。

――小野さんはこのあたりをどのように教えているのでしょうか。

小野　私がよく勉強会などで言っているのは、子どもから高校の教科書を借りて、パラパラとページをめくる。過去に一回学んでいるのだからすぐに思い出せる。そうすると、それが錆びて開かなくなっていた記憶の引き出しの潤滑油となり、また開くようになります。知識が意識の表面に上がってきて、インタビューの時に口から出てくるようになります。話が膨らみ、隠れていた知識を引き出せるようになります。こんなことを言っているからか、因果連鎖分析を学んだ人の中には、文系的、哲学的な技術ですねと言う人もいます。

――データサイエンスは文理融合と言われていますからね。

小野　データ分析者は統計学や機械学習をやりたがる人が多い印象がありますが、それより前の段階まで視野を広げてもらえば、さらに活躍の幅が広がりますよといつも言っています。

——一般教養が大切。例えば、製造現場の因果連鎖分析で課題を探索する時には、高校レベルの物理や化学の知識は必要ということですね。

小野　必要な知識は相手が持っているので、絶対に必要とまでは言いませんが、やはりあったほうが良いのは間違いないと思います。私が実際に勉強会で話しているのは、わからない単語が出てきたら、とりあえず書いておく。中身を知らなくても、「これが一体何の原因になるのですか」とか「どういう結果になるのですか」と聞くだけで絵は描けてしまうので、単語の意味は後で調べればいい。相手が専門家になるほど真剣に調べる必要はなくて、初心者向けの解説サイトを読む程度で十分ということも多いです。

——ヒアリングするにあたって、自分自身で理解していこうという意欲と基礎的な素養が必要となってくるというわけですか。

小野　基礎教養は大事ですね。そういう意味では年配の方は有利かもしれません。人生経験を積んでいるので、様々な角度から知識や想像力が働きます。ただし、錆びついた引き出しを開けておかないといけません。因果連鎖分析は、あらゆる一般教養が役立つ人生の総力戦のようなものです。今まで学んだことが無駄になることはありません。学んだことすべてを基礎教養として因果連鎖分析の場で吐き出し、応用することで素晴らしい成果につながると思います。

DX自由相談会

——今、AGCさんではデータサイエンスやAIをビジネスに生かそうと相談会のようなものを月に一回開催しているとか。どのような体制で推進しているのでしょうか。

小野　冒頭で述べたDX推進部の活動の一つとして行っており、正式名称は「データ活用に関する自由相談会」です。略してDX自由相談会と呼んでいるのですが、少しでもデータの要素があれば、どんな悩みでもいいので相談に来てくださいと呼び掛けています。

——すごく門戸が広いんですね。

小野　因果連鎖分析の思想でもわかる通り、課題設定からやり直すことが多くなります。私のように因果連鎖分析を使う人もいれば、使わない人もいるのですが、共通しているのは、この部にいるデータサイエンティストはＭＢＡを取得しているということです。このため、どんな相談が来ても、経営視点で「本当はこういう問題ではないか」と指摘することができます。相談に来た人が当初思い描いていたものとは違う方向に課題設定が進むことも多いです。

——小野さんのグループの名称はデジタルソリューショングループですね。その名が示すように、外から見たらデータサイエンスというよりもコンサルティング的なグループに見えるかもしれませんね。

小野　社内コンサルタントと言っていいと思います。我々の手が足りない時は外部コンサルを併用することもあるのですが、課題設定からお願いできる外部コンサルは現状ではほとんどない印象です。コンサル会社の立場で考えれば、課題設定から進めると、話がどう転ぶかが予測できず、解決方法が自社の得意分野から外れる可能性もあり、そのようなアプローチは怖くてできないのでしょう。社内である程度課題設定して、方向性が固まったところで用途にあった外部コンサルを使うのが正しい方法だと思います。

私は頭脳に相当する部分は社内に持つことが正しい組織の在り方ではないかと考えています。最初から外部コンサルに丸投げする会社は、頭脳不在に陥っていると言えるかもしれません。

——頭脳不在の会社。これは恐ろしい指摘ですね。話を戻すと、DX自由相談会は月に一回開催。これとは別にお悩み相談は月平均で何件程度来るのでしょうか。

小野　カウントの仕方が難しいのですが、月に数件程度です。

——データに関することなら何でも相談に来てくださいという門戸の広さがいいですね。それだけ門戸を広げていても対応できるということは、因果連鎖分析を核とした小野さんの守備範囲の広さを物語っていると思います。

小学生の頃からコンピューターの世界に

——それでは最後に小野さんの生い立ちをお聞きしてもいいでしょうか。

小野　小学五年生の時に、日本に初めてキーボードとディスプレーがくっついたようなコンピューターというものが現れました。一九七〇年代のことですが、友達に連れられて見に行って、そこで少し触って、これからはコンピューターが世の中を席捲するぞ！　と思ったのです。その時からずっとコンピューターの世界にいて、日本のコンピューターの歴史は結構自分の目で見てきたと思います。当時、コンピューターそのものが好きではあったのですが、それ以上になぜかコンピューターの中で人工生命体を作れるのではないかと思っていました。コンピューターの中に仮想現実空間を作って、いろんな特性を持つ生き物を放って生存競争をさせれば、進化と呼ばれる現象が起きるのではないか、知能というものを獲得できるのではないかと。最近の強化学習や遺伝的アルゴリズムなどの仕組みとほぼ同じ考え方で作られていて、当時のものすごく遅い8ビットコンピューターで遊んでいました。そのころからＡＩ的なものに興味があったり、自分で作ったソフトを販売したりしていて、気がつくと、コンピューターとＡＩとビジネスが私の頭の中で境界線がないものになっていました。

――コンピューターとＡＩとビジネスが境界線なくつながっていた。それは中学生の頃からでしょうか。

小野　スタートしたのは小学生ですが、最も張り切っていたのは中学生から高校生にかけて。この時に基礎が作られたと思います。そのため、今でも文系、理系という分け方には抵抗感があります。

――会社に入って何か変わりましたか。

小野　会社に入って性格診断テストのようなものを受けた時、論理的に考える力と他人に共感する力が両方高く出ていて、このような人は珍しいと検査会社の方に言われました。

――論理的に考える力と人の気持ちを理解しようとする力が同居ですか。普通、相反するようにも見えますが。

小野　講演で人と話すのは好きですし、人の気持ちなどを理解するモデルを作るのも好きです。利益を生み出すための仕組みをロジカルに突き詰めるのも好きですね。このように境界を設けずに考えていくうちに、ＡＩというのは人間を幸せにするための最終的な手段ではないかと思うようになりました。因果連鎖分析で様々な因子を扱っていると、人を幸せにするＡＩはどうも作れるんじゃないかと。でもなぜか誰も作ろうとしない。今のＡＩは人間を不幸にしてしまうのではないかと心配しています。

――因果連鎖分析も小野さんの生い立ちと関係しているような気がします。

小野　因果連鎖分析はまったくのゼロから生まれてきたわけではありません。じつは、中学生の時に読んだSF小説の影響を受けています。化学者でありながらSF作家として有名なアイザック・アシモフという方がいますが、この方が書いたファウンデーションシリーズというSF小説があります。この中に「心理歴史学」という言葉が出てくるのです。架空の学問であり、小説の中にも数行の説明しかなかったと記憶しているのですが、Wikipediaにはこのように書かれています。

「膨大な数の人間集団の行動を予測する為の数学的手法。社会的、経済的な刺激への人間の感情や反応に一定の規則を見いだすことで、未来の人類の行動をも予測しうる」

人によって異論はあるでしょうが、私はこの小説の主人公は「心理歴史学」だと思っています。このわずか数行の説明が私の頭に強く刻まれました。この時すでに因果連鎖分析の原型をイメージしていたと思います。

――私なんて中学生の時は受験勉強しか頭になかったのですが、小野さんはご自身の知的好奇心を追求しながら、思考の世界を広げていった。その経験が今につながっているということですね。データサイエンティストとしての道のりはどのように始まったのでしょうか。

小野　確率的な推論ですから、自然にベイズ統計的な考え方が出てきます。一方で、学生のころに人工生命体、知的生命体を創造できるかを考えていたこともあり、人間の脳やニューラルネットワークにも興味を持ちました。大学院でのテーマはニューラルネットワークを選びました。本当の意味で知的生命体を作るというより、生命体の構造から規則性を見つけて、数学的に落とし込んで、便利に使えるように単純化したものがＡＩ技術であると捉えています。

――小野さんのデータやITを使って社会をより良くしていくという世界観に、ようやく時代が追いついてきて、そこから生まれた新しい技術を自分の世界観に取り込んでいるという感じですね。

小野　そこまで言うと大げさですが、単に好きなことをやっていたら、それがたまたま時代の変化に一致してきたという印象です。そういう意味ではとても良い時代になりました。少し前まではＡＩ技術なんて冷や飯の世界でしたから。定年後には趣味で仮想空間づくりを再開するかもしれません。現在流行っているリアルな３Ｄ映像を追究するものではなく、自分が用意した物理法則に則った仮想空間の中で、バーチャルな生物たちが暮らし、彼等の幸福度の総和を最大化する。そんな社会を構築したいなと。それができたら、人生のテーマの一つを達成したと言えるような気がします。

――小野さんのライフワークということですね。

小野　ライフワークと言えばそうかもしれませんね。それを断片的にビジネスに応用しているのが因果連鎖分析と言えるのかもしれません。

――それでは最後のお願いです。日本企業に対して厳しい意見もありましたが、その日本企業への応援メッセージをいただけないでしょうか。

小野　すべての日本企業に言いたいのは「正しく頑張ろう！」です。頑張る方向を間違えないようにしてほしい。その一言に尽きます。

――「正しく頑張ろう！」に心が震えました。がむしゃらに頑張ることが美徳であるかのような風潮が今なお残る中、「正しく」ということを忘れているように見えます。締めくくりにふさわしい応援メッセージに心より感謝いたします。

（二〇二二年一〇月三日）

小野義之（おの　よしゆき）
経営企画本部　ＤＸ推進部　デジタルソリューショングループ　マネージャー（インタビュー当時）。大手精密機器メーカーにて、新製品・新事業の企画・開発に携わった後、DX 推進組織の創設に伴い、グループ全体のデータ活用推進業務に従事。ビジネス・ブレークスルー大学院大学にて MBA を取得。2017 年、旭硝子株式会社（現 AGC 株式会社）に転職。経営企画本部 DX 推進部にて、グループ全体のデータ活用推進に従事。滋賀大学データサイエンス学部インダストリアルアドバイザーも務める。

▼インタビューを終えて

小野さんのお話は、最後のメッセージ「正しく頑張ろう」に凝縮されていると思いました。私自身も含め、日本の企業人は「会社や社会のために正しく頑張ろう」という意識が低すぎるのではないでしょうか。ＡＩを活用したいという自己実現欲求、自らの判断を正当化したいという自己肯定欲求、無意識のうちにそれらに流されているのではないでしょうか。「正しく頑張ろう」という意識が低ければ、課題を突き詰める動機も小さい。だから、課題設定力も育たないのでしょう。

データやＡＩの時代は、「正しく頑張ろう」という意識レベルが低いと致命的になってしまう。そのような日本の企業人への処方箋として、小野さんは「因果連鎖分析」を提案されているのです。じつは私も「因果連鎖分析」を小野さんから教えていただき、学生への指導にも使っています。課題設定だけでなく、原因追究や機械学習における特徴量発見にも役立つ。学生はすぐに活用できるようになり、課題設定力を身につけるだけでなく、潜在因子を見つける意識づけにもなっています。この「因果連鎖分析」こそ、データとＡＩの時代における日本企業の救世主のように私は思っています。

ＮＴＴドコモ
――データドリブンなマーケティングを全社的に推進する

株式会社ＮＴＴドコモは、日本でも有数の大企業です。ビジネス規模だけでなく、地理的にも全国に展開し、各支社は通常企業の本社に匹敵する社員数を抱えています。このＮＴＴドコモにおいて、本社のＩＴ部門が推進役となって、北海道から九州まですべての支社でデータをマーケティングに活用する流れを作ってこられました。

私自身が前職時代にデータ活用の推進を担ってきた経験から、大変な壁を越えてきたんだろうなあと思いました。往々にして、ＩＴ部門とビジネス部門の間には溝があります。ＩＴ部門はシステムを作るものの、ビジネスでの活用には関知しない場合が多いです。それに対して、ＮＴＴドコモでは、ＩＴ部門がマーケティングにおけるデータ活用の推進役も担われてきました。

もう一つ、本社主導で全国に広がる支社におけるデータ活用を進めていくことは容易ではないと思います。地理的な距離もあり、各支社の独自文化が形成されて、そういう中で本社との壁は自ずと高くなるでしょう。にもかかわらず、なぜＮＴＴドコモはそのような壁を越えることができたのでしょうか。その理由を知りたく、推進役を担ってきた白川貴久子さんと川崎達矢さんに話を聞きに行きました。

ドコモ関西におけるデータ活用

――NTTドコモさんのように、組織が大きくエリアも全国に広がる巨大企業は、組織内のデータ活用という観点から考えると、かなり難度が高い環境にあると思います。そうした難しい状況で全社的に進めていったというところがすごいという印象を私は持っていました。そこで今日は、今日にいたる苦労や工夫といったことを伺いたくてやってきました。

まずは、白川さん自身が、どのようにデータ活用に関わり始めたのかというところからお話しいただけますでしょうか。

白川　私がデータ分析に関わったのは一九九八年からです。前年にNTTから転籍して、NTTドコモ関西（以下、「ドコモ関西」と呼ぶ）というグループ会社の営業企画でマーケティングをやることになったんです。そこでデータを使ってマーケティングに生かそうと始めたのがきっかけです。

当時NTTドコモでは、各地域が独立の会社として、そのエリア独自のマーケティング・営業活動をしていた時代でした。つまりドコモ関西は、関西での売り方をある程度自由に考えることができたんです。そしてたまたまですが、ドコモ関西の営業本部長がデータ活用に非常に造詣の深い人でした。

また、ドコモはお客様それぞれがお持ちになる携帯電話を扱うので、NTT時代の固定電話よりもお一人おひとりの購買状況・利用状況を把握できることにより、マーケティングがおもしろいと感じました。そして市場も急伸していき投資がしやすい、携帯電話会社にとっては追い風の時代でした。

つまり当時のドコモ関西には、データ活用をしてマーケティングに使うための好条件が揃っていたということができます。

NTTドコモが顧客管理システムALADINを作ったのが、一九九七年ですから、私が転籍してきたのは、ちょうどシステム環境が整いつつあったときでした。


——ドコモ関西ではどのようなデータ活用をされていたのでしょうか。

白川　営業本部のマーケティングだったので、ドコモ関西エリアのお客様を知り、営業戦略に生かすことが私の仕事です。お客様の購買状況・ご利用状況、そしてアンケートデータなどを活用して市場分析をしていました。また、上司からいろんな新しいことをやってみろと言われて、一九九八年には解約予兆モデルにもトライしていました。

――そんな前から解約予兆をされていたんですね。それはすごいですね。その後、東京に異動されたのですね。

白川　二〇〇八年にNTTドコモが各地域会社を統合し、ドコモ関西もNTTドコモの関西支社になります。支社の立場では決められないことも増えるかなと思い、〇九年に東京異動の希望を出しました。東京ではマーケティング部に行けるものと思っていたらなぜか情報システム部情報戦略担当に配属されました。「社内には鮮度精度の高いデータがいっぱいあるのに、まだまだ活用できていないので、君がやれ」と言われて腹が決まりました。

システム側とビジネス側の橋渡し

――情報システム部で情報戦略担当をなさったということですが、具体的にはどんなことをされたん

でしょうか。

白川　私が着任した部署は、データ分析のためのシステム開発と運用、そしてデータ分析をやっていました。私が来たときには、すでにデータ分析担当者がいて、ビジネス部門（販売部等）から依頼を受けてデータを抜き集計して渡す作業をしていました。ただし、当時は依頼されたままにデータを渡していたので何度も出し直しをするなど非常に効率が悪かったです。

その理由を見てみると、ビジネス部門からの依頼が不明瞭なことも多かったのです。わかりやすくするために少し極端に言うと「解約データをください」という依頼で、実際欲しいデータは個人のものなのに、個人なのか法人なのか言わずに依頼してＳＥ（システムエンジニア）側もそのまま混ぜてデータを出すというようなことです。

そこで着任した当初は依頼を受ける際、ＳＥの横に私も座り、何のためにそのデータが必要かを聞き、「その目的ならばこうしたほうがいいよ」と横から口出ししていた。余計なお世話を焼きながら、ビジネス部門の目的の本質に適うように逆提案していた結果、だいたいそちらのほうが喜ばれたんです。

そうしたことを繰り返しているうちにやり直しが減ってきた。そして、一つ一つの依頼に対して本質的で誠実な対応を目指していった結果、だんだん良い口コミが社内に広がっていき、ＳＥもだんだんと逆提案ができるようになってきました。

――それはすごいですよね。

白川　もちろん個々のレベルの差はあります。でも、最初はなかなか提案できないＳＥでも、やる気と学ぶ姿勢があったら、徐々にできるようになります。こうして、チーム全体が、ただ言われたことをやるんじゃなくて、新しいやり方もチャレンジすることでスキルも上がってきた。ＳＥもマーケティングを学ぼうと一緒になって一生懸命にやるようになりました。

――そのようにして、データをビジネスに生かそうという意識が広がっていったんですね。

白川　解約予兆モデルは、その良い例です。解約予兆モデル自体の作り方は正しくても、翌月のモデルが欲しいのに、作るのに半年かかっては意味がありませんよね。また、いくらモデルの精度が高いといっても、人間の勘も捨てたものではないので、実際には上位三つは人間の勘とモデルはほとんど変わりません。そうなると予兆モデルなんか使わなくても、人間が考えて更新月の前に手を打てばいいということになる。だからわざわざ使わなくても、といった空気がしばらくありました。

――同じようなことは、日本中にありますね。特に、IT部門がデータ活用を推進する役割を担っているところは、IT部門がなかなか自分たちの思想から抜けられずに、基盤を作りモデルを作るというところに専念される。でもそこにはビジネスの視点が抜けてしまっていて、せっかく作っても宝の持ち腐れということがあります。

白川　自分がそれまで、データはビジネスに生かせないと意味がないという姿勢でやってきましたので、事前に想定できるモデルを用意するなどスピードアップの工夫をしたり、場合によってはモデルにこだわらないやり方もお勧めしました。その後、川崎が予兆スコアを自動化して、できるだけ早めにデータを入れてさまざまな施策に使っていけるようにしてくれました。

――予兆スコアという形で定量化をして、それを営業担当の方が誰でも見られるようにしたわけですか。

川崎　はい。当時は解約予兆から派生していろいろなサービスの予兆スコアを作るニーズがあったんですけど、最初は毎回、各ビジネスユニットと話して、必要なモデルを作っていました。でも、そうした作り方だと時間も限られるしビジネス的なことを考える時間がなかなかとれませんでした。その後、技術の進歩とデータ量の増大が進んで、自動化しても精度が一定レベル担保できるようになってきました。そこで毎回モデルを作るのに数週間かけるのではなく、自動で毎月五〇〇個くらい予兆モデルを算出して、年齢や性別といった属性と同じように、最初からテーブルに入っているという状態にして、ビジネスユニットもいつでも使える状態にしました。

効果検証の可視化

白川　自動化以外に当時やった重要な課題は効果検証の可視化でした。

これは誰でも陥りがちな罠だと思うんですが、どうしても施策担当者は、自分の施策をより良いものだと示したいわけです。だから、本来は施策の効果を検証するためには比較層を施策する対象と同じ層から抜かないといけないのに、違う層と対比して非常に成果が上がったというようなことをやりがちでした。

そこで、施策を打った翌日には自分の席で効果検証結果が見られるようなシステムを作ったんです。例えばあるターゲットに対してDMを打ちたいというときに、その施策をシステムに登録さえすれば、そのターゲットの一部をコントロール層として置いておいて、DM発送直後から、その結果の違いが比較できるようにしました。

――施策を実施した人が、その効果検証を容易に行えるようにされたのですね。

白川　現場はできるだけ多くの層に送り成果を上げたいので、コントロール層を残したくないという反応もありましたが、まずデータを入れるお手伝いをシステム部門側でもきっちりとサポートすることで、より適切な検証ができるようになりました。しかも翌日からちゃんと自席で結果が見える。ですから一度システム登録された人のリピート率は一〇〇％でした。

――便利だからまた使う、というわけですね。それはいつ頃の話ですか。

川崎　二〇一二年から始めて、一三年にリリースでした。

白川　じつは情報システム部のスタッフの女性が、自席ですぐに見られる仕組みを作ってくれたんです。彼女の功績が大きかったですね。

ビジネスの手段としてのデータ活用

――もちろん、スタッフ個人の力もすごいと思うんですけど、その背景として、白川さんがドコモ関西でデータをマーケティングに活用していく実践をされていたことが大きかったのではないでしょうか。

白川　正確に言うと、私はデータを活用したいなんて思ったことはなくて、マーケティングをやるためにデータが必要だからという感覚なんです。よくデータ活用をなんとかしたいなんて言われますすけど、私自身は、まずやりたいことがあって、そのためにこういうデータが要るとか、データをこういうふうに見たいとかがあるわけです。そういうタイプが情報システム部にいたことが結果的には良かったんでしょうね。

――なるほど。今のお話はとても大切ですね。まず、白川さんの思想として、データを活用したいというより、マーケティングをもっと良くしていきたいという動機があって、そのためにデータを使うというところがある。そして、そういった思想の白川さんが、情報システム部門に入ることによって、そのカルチャーを変えていかれた。

白川　ただデータがあるので活用したいと考えるのは、システム部門の人だけではなく、ビジネス部門の人の中にもたくさんいます。「データがいっぱいあるから何か活用しないと」という言葉は今でもあちこちで聞かれるんですが、私はそうした声が出ているうちは、まだまだだなと思います。

――本来は、ビジネスでこの部分を良くしていきたいという発想があるべきなのに、データがあるからなんとか活用しようとする。これがＤＸが進まない一つの要因というのはとてもよくわかります。これは日本中の多くの企業がそうだと思います。

川崎　そうですね。システム開発の担当者も、ビジネスに生かさなければ意味がないと頭でわかっていたのですが、なかなか実践できていなかったということはあると思います。ドコモショップのシステムなどは、使う人のオペレーションを考えると、何を作ればビジネスに役立つかだいたい見えてくるんです。一方、マーケティングでは何を作れば良いかイメージがつかみづらいのだと思います。

――今、オペレーティングとマーケティングという二つの分け方をしてくれたのは、私には非常にわかりやすかったです。たしかにマーケティングというのは、そのプロセスが暗黙知な要素もあります

し、システム部門として何を作れば役立つかというのはなかなか描きにくい。

白川　先ほど情報システムの女性スタッフがビジネス部門が施策の効果検証を自席で見られる仕組みを作ってくれた話をしましたが、そうしたものを作るということは、使う側に寄り添った仕事ができているということですよね。彼女がそうした仕組みがないとみんな使うようにならないと言ってくれたのが大きかった。実際に彼女が言った通りになったわけですし。

――使われる仕組みを作るということですね。

白川　仕組みづくりについては、私も情報システム部に来て学びました。自動化の話もそうです。仕組みを作ることで定着するのだったらすごくいいということを教えてもらった。

オペレーションでは、こうあってほしいという絵が明確にあって、それにフィットさせていくという作り込みになりますが、マーケティングというのは発見だと私は思っています。新しい市場はどうかとか、どんな動きが生まれているかとか。

――そういった発見を促すような仕組みというのは、オペレーションの場合と違って、どんな仕組みを作ればいいかがあらかじめわかりにくいですね。

白川　例えば、最近は見ていないのでだいぶ衰えたと思うんですが、私は以前、データをぼーっと見ていて、「ん?」と思うこと、わりと早かったんですよ。でもこれって、人間しかできないかというと、同じことをＡＩでできる時代になっているのではないかと思います。私も昔はいっぱいデータを見ていたんで、気になるところを見つけるのが早かったんですが、それをＡＩでサポートする技術も、これからもっと発展していくような気はしています。

川崎　そうしたことをできるようにするためには、システムを作る側から見ると、すぐそれに応えられるだけのデータを用意しておけるかというところが勝負だと思っています。

ビジネス側にシステムのことが苦手な人が多すぎる問題

白川　私が情報システム部という異文化にきてよかったのは、ビジネス部門、システム部門、もっと互いに学び合えばハッピーになると思ったことです。

特にビジネス部門ではＩＴに苦手意識を持っている人が多いので、システムのことを敬遠する人が多い。例えばシステムの仕様をビジネス側でＡかＢどちらかに決めればシステム部門ではすぐに動き出せる態勢が取れている状況でも、仕様を決められないことがあったりします。

――とてもよくわかります。今の話と似たことは日本中の企業で起こっていることだと思います。これも日本でＤＸが進まない要因の一つではないかと思っています。

白川　私は情報システム部の中にいて、誠実に仕事しているＳＥたちを見てきましたから、余計そう思うのかもしれませんが。

例えば、システム側はちょっとでもエラーがあるとめちゃくちゃ怒られるんで、ＳＥの「まだできていません」というのは、実際は九八％はできていたりするんですよ。一方で営業の「いけるいける」というのは実際は七割くらいのことだったりします。

だから、私は、システム側の人間の「できていない」には「そんなことないでしょう」、ビジネス側の「できる」には「本当に？」と言うようにしていました。もちろんこの感覚のずれが良い悪いということではありません。ただお互いにそういう性分だということを意識できればもっとスムーズに意思疎通できるのかなと思います。

ビジネス側はどんどんわからないことがあればシステム側に聞けばいいと思います。ＩＴは難しいからもう任せるということではなかなか物事が進みません。

――ほんとにそうですね。

白川　アメリカのＣＭＯ（Chief Marketing Officer）はＩＴの知識がないとなれないというのはごもっともな話で、日本がそうじゃないのがやっぱりダメなんだと思いますね。

――白川さんのご指摘は、ほんとにそう思います。従来のシステム開発だけじゃなくてデータ活用というところでも、ビジネス側がＩＴをブラックボックス視して、進まない理由にしているという部分が大いにあると思います。

白川　そういう意味では、私はもともとはＩＴが苦手でしたが、システム部門にきてものすごく良かったと思います。ビジネス側が最低限これぐらいまでをクリアにしておかないとシステム開発側は動けないんだということが理解できたし、それをみんなが知っているだけで全然変わってくる。自分でプログラムを書かなくても、どういうロジックなのか、システム開発において何が問題になるか、といったことを知っているだけで全然違うんです。

――そうですね。私も若干システム開発に関わったことがありますが、システム開発をしようと思ったら、コンピューターは融通が利かないので、あらゆることを明確に決めないといけない。ビジネス

側からしたら、ふだんはなんとなく感覚で言ってできる部分でも、システム側からしたら、そこをきちんと決めないと進まないということがある。でも、そこが決まらないからずっと止まっている、そんなことも結構ありますね。

白川　まさしくそうです。システム側からすると決めてくれればできることが多い。だから、経営層も含めて何を決めなくてはいけないかだけでも理解することが大切。だってデジタルでやるということは、ゼロイチの世界でどう表現するかということですから。

――そうですね。

マーケティングのデータ分析は投資

白川　私はいつも言っているのですが、マーケティングのためのデータ分析はコストではなく投資なんです。逆に会社に投資してもらう限りは、投資分に見合うだけの結果を出すしかない。そういうふうにしてやらないと、分析システムは育たないと思います。

――そうですよね。そういう意味では、白川さんのようなキャリアと動機を持った人が、システム部門の意思決定権を持たれたポジションに行かれたということが、今のNTTドコモさんのマーケティングにデータ活用していくことの大きな力になったと思います。

白川　それは上司に恵まれたということがあります。私がやりたいということにゴーサインを出して自由にやらせてくれた歴代の上司がいたのがとてもラッキーでした。

――やっぱり人ですね。いろいろな企業のDX推進者に話を聞く機会があるのですが、DXを進めるにあたり、ある程度裁量を与えられて自由にやっていくケースと、対極的に計画やROIでがんじがらめにして裁量を与えられないというケースがあるんです。もちろん、ただ裁量を与えられているからうまくいくということは全然なくて、裁量を与えられて自由にできるポジションであるということと同時に、その裁量を与えられた当事者のリーダーシップが正しい方向に行くということが必要です。裁量を持った当事者がとりあえず基盤を作ろうといった部分だけでとどまってしまうケースが結構あるんです。

そういう意味では、白川さんに任せるという決断がいちばんいいやり方だと上司の方も考えたんでしょうね。

白川　ありがたいことですね。私は何度も言いますが、データを活用したいなんて思ったことがありません。まずやりたいことがあって、そのためにはデータをこんな仕組みで扱う必要があるという発想で全部作ってもらいました。だから、その分は結果をきちんと出そうという気持ちをいつも持っていました。

——そうした気持ちでやるというのは大切ですよね。

白川　仕組みを作ったのはいいけれど、実際にちゃんと運用されているかということが重要だと思っていて、そういう意味では、この川崎も含めて一緒にやってきたチームは、作っただけじゃなくて、それを使いこなすことを考えてくれた。運用が一〇〇％になるからこそデータも生きるんです。

——そこはすごく大切ですよね。作ることが目標じゃなくて、ちゃんと実務に、現場に使われて成果を出すというところまでいく。しかもそれが当面だけじゃなくて、定着するというところまでいって初めていい仕組みと言える。

白川　だから、投資をしてもらって、自由にさせてもらっているというその環境に対して、これだけやらせてもらっているから、絶対生かすぞというのはありましたね。

――自由な裁量に対して、それを緩さと感じるのか、その分の責任と感じるのか、そこの違いは大きいですね。

オペレーション系の話は、もともと使うということが前提で作るんで、使われるということに対してそこまで考えなくても、「作ることイコール使われる」になりやすいんですけど、マーケティング系に関しては、何を作ればほんとに役立つかというのがあらかじめ言われているわけじゃないし、何よりも、「作ったから使われるというわけでもない」というところが違いますよね。そういう中で、よりいっそう、責任意識を強く持つのがすごく大切な気がします。

社内研修会で仲間を作る

白川　そういう意味では、社内でデータ分析をマーケティングに使ってもらう仲間を増やす必要もあります。そこで、分析事例発表会というイベントを全国の支社持ち回りでやりました。途中からはそれだけでは飽きてくるから、データ分析設計演習も併せてやりました。こうした発表会や演習を通じて、データ分析をする上でマーケティングマインドを持ってもらうことを目指したのです。

――それは、いつ頃から始めたのでしょうか。

白川　東京に異動した二〇〇九年の終わりには始めていました。

――ずいぶん初期の頃から始められていたんですね。データ分析設計演習って、具体的にどんなことをされたんですか。

白川　演習の目的は、マーケティングマインドを持ってデータ分析をしようということですから、まずグループディスカッションをして自分たちのグループはどこを販売ターゲットにするかを決めてもらうことから始めます。

それは私がマーケティング、情報システムの両方を経験したことがきっかけとなって作ったメニューでした。大きく分けると、顧客視点、生活者視点で物事を考える人と、企業側視点で物事を考える人がいるんです。私自身はわりと顧客寄りに考えるタイプで、例えば、健康に留意するからシニアの人がいいとか、赤ちゃんがいるお母さんがいいとか。逆に企業側の視点は、富裕層がたくさん使ってくれるとか、病院に置いたらたくさんの人に飲んでもらえるといった儲けの視点です。両者どちらも大切です。でも、両方とも出てくる人は少ないので、ディスカッションして発表してもらって、最後に生活者視点と企業側視点、自分はどっちが多かったかを自身で確認してもらう。

それがマーケティングをやるときにすごく大事で、データ分析を設計するときにも、自分が忘れがちなことをしっかりと踏まえると結果がまったく違ってきます。これはマーケティングにおけるデータ分析の基本中の基本なんですが、意外とみんな技に陥ってそれを忘れてしまいがちなんです。ですから毎回その演習はやっていました。

——そういったことを、全国行脚して実施されたわけですね。何ヵ所ぐらいで実施されたんですか。

川崎　本社プラス八支社ですね。北海道、東北、北陸、東海、関西、中国、四国、九州です。四半期ごとにどこかで一回やっていたので、一巡するのに三年程度かかりました。

といっても、例えば〇〇年第一回は北海道でやりますと言ったら、各社の人が北海道まで来るんです。だから北海道でやるからといって北海道支社の人だけがターゲットというわけではないんです。

人数はだいたい一〇〇人前後。リモートを含めたハイブリッド開催になってからは五〇〇人くらいまでになりました。

白川　発表会でも質問が出ないと盛り上がらないので、その時は情報戦略担当のメンバーが呼び水の質問をし、活性化を図りました。そのうち、ゲストで来られた方に「こんなに質疑が活発な会議はめずらしい」と言っていただけるまでになりました。

――こうした盛り上がる場を作ることでどんな効果が生まれましたか。

白川　例えば「この間、東海支社さんがやった発表がおもしろかったので、うちの支社でもやってみました」といった発表が出てきて、そこからこんな工夫をしたらもっといいといった新たな議論が生まれたりしました。成果だけではなく、検討段階での発表も歓迎しました。

川崎　その結果、別の支社がその試みを仕組み化して、次の会で発表してくれたり、各支社間で情報交換が始まったり、すごくいい流れができました。ただリモートになってからは人数は増えてもそうした盛り上がりに若干欠けてきているところがあるので、またどうやって盛り上がりを作ろうかと考えているところです。

――そうした活動をされて、NTTドコモさん全体でのデータ活用は以前と比べ、どれぐらい変わっ

た感じがありますか。

川崎　最初は情報システム部が中心にやってきたんですが、今は全社的に広がって、サポートのニーズも爆発的に増えてきているので、各現場でもっとやってもらいましょうという方向に変わっています。

それを進めるために、データ人材育成のカリキュラムを作ってスタートしています。

――具体的には、どんなことをされているのでしょうか。

川崎　最初にデータを使うというときの入り口は、ダッシュボードです。定型のグラフなどが画面上で一目で見られるようになっています。ダッシュボードの利用は、現場でどんどん広がってきています。

ダッシュボードは、自分でデータを抽出する必要はないんですが、逆に言うと、ある程度定型のことしかできないので、それ以上深掘りしようとすると、もう少し別のテクニックが必要になってきます。どのレベルの人材を育てるかといった話も含めて人材育成を始めたところです。

――方向性として、各現場で自律的にデータ活用を推進していけるようにもっていきたいというわけですね。

川崎　そうですね。

「三秒以内に見られることが絶対必要です」

――以前、NTTドコモのダッシュボードについて、スピードを重視して大規模なデータの中から見たいデータを一瞬にして見えるようにしたという説明を聞きました。かなり投資もされたと思いますが、開発の経緯、なぜそういうことをしたのか、それによってどんな良いことがあったかといったことを教えてもらっていいですか。

白川　最初にできたものは、クリックしてから見えるまで数十秒かかるものだったんです。でもダッシュボードというのは、先ほど言ったように、現場の人に見てもらおうという思想なんで、簡便に見えるということがいちばん肝です。だからクリックして三秒以内に見られないと絶対ダメだと言ったんです。

――おお。

白川　そこで実現のために開発部隊ががんばってくれた。でもそれを実現してくれたおかげで、現場が速さを実感してくれたのは大きかったですね。

最初に何を見せようかと考えたときに、全国で何がいちばん見られているかというと、販売日報なんです。代理店営業でどれぐらい売れているか。販売部門ではエクセルやアクセスを駆使して、毎日担当者が出していたんです。だからそれを自動で見られるようにしました。今までのやり方でもいいと消極的な意見もあったんですが、年末年始を越えて、初めて「白川さん、ありがとう」と言われたんです。

というのは、営業は必ず日締めしないといけないので、今までは担当者が年末年始も出る必要があったのが、ダッシュボードだと自動で見られるようになったわけです。

やはり、そうした感動がないと新しいことは進まないですね。先ほど言ったクリックして三秒にこだわったのも同じ理由ですね。三秒だと「おお！」って言ってくれるんですよ。

――それが三〇秒だったら、普及しなかった。

白川　絶対無理だったと思います。

——白川さんが三秒と言ったことに対して、システム開発する側からしたら、それは無理ですという声もあったと思いますが。

白川　開発責任者からは「えー」って言われましたね。「三〇秒じゃダメ？　白川さん」と。でも「ダメ」と言いました。

——そこで譲らなかったところが、白川さんと私の差かなあ。

白川　でもそれは、開発責任者がドコモ関西時代からお付き合いのある信頼してきた方だったというのはあるかと思います。彼は、ジーッと私の言うことを聞いてくれて、最後に、「白川さん、これ、ほんまに要ります？」って聞くんですよ。「要ります」って言ったら、必ずやってくれる。「ほんまに要ります？」と言われて、「うーん」と思ったときは、私も下げます。だから三秒で見せるのは「絶対必要です」と言ったんです。

——強い信頼関係で結ばれていたんですね。

川崎　この開発責任者の方は、この時導入したサービスを提供する海外企業二社へお願いしに行きました。当時、その海外企業二社（膨大なデータをわかりやすく視覚化するソフトウェア）の間のインターフェースがなかったので、両社のインターフェース開発をしている部門の責任者にお願いしに行ったんです。

――ドコモさんのために、海外企業の製品をつなげたわけですか。

川崎　そうですね。

――すごい。白川さんが三秒を譲らないために。

白川　はい（笑）。

――そこまでして、白川さんの思いを実現させようという方がいらっしゃるということもすごいし、それを見越して、絶対にそれはするんだと強い意志を持たれている白川さんもすごいです。

分析ツールを使えることより大切なこと

――白川さんが率いていた時代から川崎さんの時代になって変わったことはありますか。

白川　私がやっていた頃は一件一件のクオリティーを良くし、ビジネスに資する分析の仲間を増やすことを大命題にしていましたけれど、今は費用対効果もさらに問われてきています。そうなると、どうしても社内で成果がわかりやすいような案件のウエートが高くなるでしょうし、やったということが仕組みでわかるような形での取り組みも多くなる。すると、どうしても案件の処理が定型的なものになりがちなんです。でも、定型的なものというのは、新しい分析であったり、新しい気づきにはなかなかつながりません。

――定型的なものというのは、例えばツールを使って現場に任せるということですか。

白川　ええ。でも、本当は現場だけではなかなかできないから分析専門チームに助けてほしいんですよね。ここが微妙なところで。

私たちが一緒にやっていたときは、現場と分析チームが一緒に取り組むことで、お互い気づきがあり、成長していくという方法が取れました。ただし、これは効率的なやり方とは言えないので、今は効率を上げるためには、個々の案件はツールを使って現場でやってもらって、大きな案件だけにデータ分析部門が関わるという方向になっている。

その考え方はとても理解できるし、けっして間違いとは言えないですが、一方でそれだけでいいのかなという気もしています。

——効率は大切だけど、人づくりも同じくらい大切だと思うんですよね。ただ私も経験がありますが、人づくりという部分は後回しにされることが多い。そこが難しい。

白川　仕事のためにデータを生かすという経験をいかに作るかということに私たちは力を注いでいたんだと思います。もちろん分析ツールの使い方を知る人を増やすことは、データ活用を進める第一歩ではあります。ツールは使えたほうが間違いなくいい。今私がいる中国支社のメンバーにもTableauを使うことは、読み書きそろばんのそろばんのレベルなんだからちょっとくらい使えるようになろうと言っています。でも、本当に大切なのはツールではないところなんですよね。

——まさにおっしゃる通りですね。データを操作するだけでは良い発見をできたりすることはない。

人間の思考力こそが主役ですよね。

白川　はい、そう思います。

——これは偏見かもしれませんが、日本企業は、アイデアには金を払わずに箱物に金を払うって言うじゃないですか。思考に関しても、外形的にはっきりと明確に見えるものについては価値を感じるんですが、外形的にわかりにくいものに対してはあんまり価値を感じてくれない。例えば、機械学習とか統計解析という外形的に非常に見えやすい思考プロセスについては、それはすごい値打ちがあって、という感じでお金も払うけど、マーケティングにおいていろいろと気づきを得るプロセスって、外形的に見せにくい。

川崎　難しいですね。

——となると、そこにはあんまり値打ちを感じてもらえない。私はいままでそうした経験をしてきていて、今の話はそれとちょっと近いものを感じるんです。

白川　以前、ドコモ関西時代に、ドコモ関西の社長表彰をもらったことがあるんですが、そのとき私は、マーケティング分析について表彰されるのかと思っていたら、分析じゃなくてシステム開発だと言われたんですね。私はこれに対して分析の部分を評価してほしいとすごく抵抗したんです。でも「お前の気持ちはわかるけど、システム構築と言うほうが表彰しやすいから」と言われたんで、せめて「開発とそれを活用した分析」にしてくれと食い下がったのを思い出しました。

――そうなんですよ。どうしても○○システムといった外形的なものに注目する。

白川　データ活用ありきではなく、あるデータが存在したときに、このデータを仕事にどう生かそうかと思えるかが大切なんです。

――やはりいちばん大切なのは何かというと、企業文化だと思うんですよ。企業文化は一朝一夕でできないものです。白川さんがされたことでいちばん大きなものは何かというと、NTTドコモさんの中にマーケティングにデータを生かすという企業文化を作ってきたことだと思うのです。

互いの強みを生かそう

——いろいろと今、日本の企業がＤＸ推進部門を作ったけどもなかなかうまくいかないとか、データ基盤、ＩｏＴといって、外形的に何か整えただけで、苦しんでいるところも結構多いんですけど、そうした日本の企業に対して、メッセージをいただけますか。

川崎　日本企業のトップに近い人たちというのは、他企業における取り組みを聞くと、隣の芝生は青く見えるのか、「なんでうちはできていないのか」「あれをやれこれをやれ」というメッセージをバンバン発信するように思います。すると、それを聞いた中間管理職層もこれをやらないと、と言ってそれに向かっていこうとするけれど、現場からすると、「もうやっているのになあ」ということが結構多い。

だから、自分たちの会社の人間やスタッフをもうちょっと信じて、彼らが何をやっているのか見つけ出すというようになれればいいですね。

——私も同感です。白川さんはいかがですか。

白川　難しく考えずに、会社を良くするために、社会をより良くするために何をしたいか、何ができるかということを考え抜く。それをやる手段としてデジタルを使うということに尽きると思います。どんなITツールを使ったらいいのか方法論がわからなくても、やりたいことを明確にさえすれば、後はそれができるプロフェッショナルにもっと問いかけて相談しながらできるはずです。

とにかく最初に、何をやりたいかを考えることです。DXを難しく考えないでほしいです。よく言うんですが、パソコンが動かないと叩いている私がAIを使っているくらいですから。

私の場合、これをやりたいと言ったときに、それをITを使って実現してくれる人が周りにいたということが大きかった。でもどこにでも得意な人はいるので、互いの強みを生かせればいいと思っています。

――何をやりたいか考えるというのは、もう一歩踏み込むと、なぜそれをやりたいかってエモーションがあることも大切ではないんですか。

白川　もちろん、そうです。何をやりたいか。それによってどういうことがもたらされるかというビジョンをまず描くということですよね。

後、もう一つ、私がいつも中国支社のメンバーに伝えているのは、チームで仕事をするときには互いの強みを生かそう、でも相手の強みを生かして頼るということと丸投げすることとは違うよということです。相手にお願いするけれども、それがどういうことかというのを少しでも知ろうとしたほうがいいよ、と話しています。例えば、システムを作るのはどこが大変なのかとか知ろうとして相手に寄り添うことで、自分の未知な部分のレベルが上がる。だから、丸投げするんじゃなくて、頼りながら学ぶことをやろうとお願いしています。

――今のお話はすごく大切で、AIなんて難しいから専門家に任せろという発想になりやすいけれど、それは良くないということですね。

白川　そうです。AIとは何だということを知るだけでも全然違います。データを与えて説明変数で何が効くかも勝手に計算してくれているんだというくらいまでわかっていればいい話だと思います。大事なのは目的変数、つまり何を問いたいかということを知ることです。

――AIで、できること、できないこともあります。

白川　ええ。だから、少なくともその勘所《かんどころ》を知ろうとする努力をしようということですね。考え抜いたやりたいことを実現するために、苦手でも最低限は知ろうとすること。システム屋にしても同じで、あっちが仕様を決めてくれないからできないじゃなくて、世の中的に考えたら、こういう方向とこういう方向があるぐらい、やっぱり想像できるようにしたほうがいい。だから、互いに強みを生かすというのは、任せ合うということではない。尊重して互いに知る努力。そしてこれこそがダイバーシティだと思っています。

いつも、デジタルのいちばんいいのは簡単にシェアできることだと言っているんです。簡単にシェアできるからこそ、その強みを生かし合える。シェアし合って生かし合えるダイバーシティの時代に必要なのは、知る努力ではないかというようなことを言っています。

――貴重な言葉、ありがとうございます。当事者が自ら知ろうとするという努力がないとダメですよね。一方で自分は知ろうとするけども、当然、全部知れるはずがない。その中でも当然知らないところもあるかもというところでの相手へのリスペクトの意識も持たないといけないですね。

（二〇二二年九月一六日）

白川貴久子（しらかわ　きくこ）（右）
新卒で日本電信電話入社、その後NTTドコモ関西に転籍、2008年NTTドコモ関西支社マーケティング本部代理店営業部部門長、09年NTTドコモ情報システム部情報戦略担当部長、14年マーケティング部担当部長兼務、18年同執行役員デジタルマーケティング推進部長、20年同執行役員中国支社長、23年取締役（常勤監査等委員）。

川崎達矢（かわさき　たつや）（左）
新卒でNTTドコモ入社後、情報システム部門及び法人ビジネス部門でITシステム開発に従事。2015年情報戦略担当のデータ分析系マネージャーとして配属、22年よりデータプラットフォーム部担当部長。

▼インタビューを終えて

NTTドコモでは、なぜ、全社的にデータドリブンなマーケティングができているのでしょうか。白川さんと川崎さんのお話を伺って、成功の鍵は、ビジネス部門（マーケティング担当）のメンバーと情報システム部門のメンバーが一体になってマーケティングにデータを活用していく、そういう理想の形を粘り強く作られてきたことにあると感じました。

多くの企業では、ビジネス部門はITについては他人事であり、情報システム部門はビジネスに無関心な状態に陥りやすいです。一方、オペレーションのIT化ならば要件定義をインターフェースにして役割分割できるが、マーケティングにおけるデータ活用となると事前にどんなデータ基盤を作れば役立つか明確ではないし、そもそもデータ基盤を作ったからといってマーケッターはどう活用したらいいかわからない。なのに、ビジネス部門と情報システム部門が互いに他人事と思っていては、どれだけ立派なデータ基盤を作ってもマーケティングに生かされないのです。

NTTドコモでは、情報システム部門にいる白川さんと川崎さんが、情報システム部門のメンバーにビジネスへの関心やビジネスに役立つ意欲を促し、一方で、本社だけでなく全国八支社を行脚して、ビジネス担当者にデータをマーケティングに生かす発表会や勉強会を催されてきました。そういった地道な活動を重ねることで、両部門間の意思疎通を太くし、協力し合うカルチャーを醸成されたのです。

では、そのような活動の原動力は何だったのでしょう。それは、白川さんの「データを活用したいなんて思ったことはなくて、マーケティングをやるためにデータが必要だから」「マーケティングのためのデータ分析はコストではなく投資。会社に投資をしてもらう限りは、投資分に見合うだけの結果を出すしかない」といった言葉に象徴されるように、目的と手段を履き違えず、進むべき方向の軸がぶれないリーダーの姿勢にあるように思いました。白川さんのメッセージ「難しく考えずに、会社を良くするために、社会をより良くするために何をしたいか、何ができるかということを考え抜く。それをやる手段としてデジタルを使うということに尽きると思います」は、考えてみたら当たり前のことです。でも、実際には、多くの企業でこの当たり前ができていないのではないでしょうか。社風やしがらみが、当たり前を当たり前じゃなくしているのかもしれません。だからこそ、白川さんのように軸のぶれないリーダーが必要とされるのです。

そう考えると、もし、白川さんが情報システム部門に異動されていなかったら、どうなったんだろうかと考えてしまいます。マーケティングのプロであった白川さんを情報システム部門にアサインされた経営層の慧眼にも成功の鍵を感じるのです。

ダイハツ工業

——工場担当者が自らＡＩを開発し使う

二〇二一年六月八日付け日経新聞電子版に、ダイハツ工業株式会社の活動が紹介されていました。「パソコンは小学校の授業で触ったぐらいの現場担当者が、ＡＩを使った検査システムを自作」「ＡＩを使う明確な目的を設定すれば、専門家でなくてもシステムを構築できる」とあります。

企業にとって、理想形は、現場担当者自身がＡＩを開発すること。それは正論ですが、本当にそんなことできるのだろうか？　現場担当者にとって能力的にも心理的にもハードルは高いだろう。もしできているならば、一体、どうやって進めているのだろうか。それを知ることができれば、他企業にとっても大いに参考になるかもしれない。そういう期待感を持って、推進者である太古無限さんと太古さんがリーダーを務める東京ＬＡＢＯデータサイエンスグループのメンバーのみなさんに話を聞きに行きました。

まずは工場を中心に成果を出す

――ガートナーの「AIトレンド2022」の事例として選ばれたとのこと。おめでとうございます。早速ですが、まずはAIを活用されている事例を教えてもらえるでしょうか。

太古　毎年、社内で事例発表会をしていますが、二〇二二年は、四五件の成果発表がありました。発表した案件以外にもいっぱいあります。

――この四五件というのは、すべて実際に現場に導入されたものですか。

太古　そうです。少なくとも何かしら成果が出ているという事例ですね。

――成果というのはビジネス面で効率化とか、品質改善とか、そういった成果が出ているということですか。

太古　はい、要因分析もあります。

――どのような分野での活用が多いのですか。

太古　工場系が多いですね。そこがやっぱりいちばん効果がわかりやすいです。タクトタイムが決まっているので、活用することで何秒縮まるとか、どれくらい品質が良くなるかとか、人がどれくらい楽になるかといったことが目に見えてわかる。でも今では、開発系や調達系など幅広く成果が出ています。さらに、グループ会社にも展開しています。

グループ会社向けは、利益供与にならないように、サポートといった形で展開しています。調達部門や品質系でグループ会社の品質を上げるために、どのようにAIを使っていくか、我々がサポートしています。ダイハツのすべてのグループ会社に支援をしています。

――具体的な活用事例を教えてもらえますか。

太古　工場の事例ですと、例えば、減速機の劣化予測があります。工場には組み立て用のロボットアームがいっぱいあります。そのロボットに電流センサをつけて、それをアナログデジタル変換し、一万円もしないラズパイ（ラズベリー・パイ、手のひらサイズのマイクロコントローラー）を使ってデータを集めます。そうして集めたデータを蓄えてDataRobotでモデル作成をしています。

じつは、ロボットを全部一つずつ点検した場合、二年かかるそうです。それぐらい数が多い。点検している間に、その後点検予定だったロボットが壊れてしまって、生産が止まるとムダが出てしまうので、壊れる前に、予知保全しようとしています。まず試しにやってみたら、そこそこうまくいきそうなので、今はいろいろなところに横展開し始めています。

――ロボットアームの故障予兆モデルをDataRobotを使って作られたんですね。DataRobotは、AIの機械学習をアイコンクリックで自動的にやってくれるので、プログラミングレスで非常に使いやすいですよね。

太古　はい。これはオフラインで動いていますけど、モデル更新は準自動になっています。データ更新があった場合は、アラームが出て、モデルを作り直して、ラズパイに実装していきます。モデルを作って、自分で置き直すところは手動でやるんですが、それ以外は自動で回ってくれています。

――他にはどんな事例がありますか。

太古　ＳＤＧｓにかかわるところですけど、工場の排水濁度の予測ですね。工場排水にはある数値以下だったら川に流せるという基準があり、排水を薬品を使ってきれいにしています。以前、理由は不明ですが基準を満たせなくて、丸一日かけて薬品を入れる工程まで、排水をすべて手作業で戻したということがあったんです。それ以来、薬品を少し多めにすればそうした作業がなくなるということで、何年も薬品を少し多めにしてやってきたんです。

でも、やっぱりＳＤＧｓという視点からは、薬品量を最適にしたほうがいいですし、コスト高にもなるので、予測をすることで薬品の最適化を図っています。ただし、計測器をデジタルにすると、とても高価なので、計測器はいままでどおりのアナログで、目盛りをウェブカメラで撮ってデジタルデータに変換しています。そうしてデータを溜めて基準を満たすための薬品量を予測します。

――自動的に制御もしているんですか。

太古　いえ、制御までやると誤作動が怖いので、人がチェックしています。現場の人が見てすぐにわかるようにシンプルなモデルにしています。モデル更新は完全に自動になっています。今は汚れ具合や水温のデータを溜め込んで、従来の傾向と違っていたら、自動でモデルが更新されるところまで作り込みました。

――モデルを作るだけではなくて、モデルを自動更新するというところも、機械学習を現場導入していくうえでの大きなポイントですね。

太古　せっかく導入してもらっても、担当者が代わると使われなくなるということが起こるので、それを避けるためにも、なるべくモデル更新を自動化するようにしています。

もう一つ工場での事例を挙げると、ホイールアウターという部品の外観検査。これはプレス加工で作っているんですが、割れることがあります。そこで、これまでは二～三名体制で全数検査していたのですが、人が見るので検査時間のスピードアップには限界がある。でも設計や過去の検査結果から割れやすい箇所がわかるので、割れやすい部分にカメラを当てて、一秒で自動判定ができるようにし、大幅にスピードアップしました。

――外観検査も完全に人を介さなくなったということですか。

太古　基本はそうです。ただし、異常が鳴ったときには、最後に人が見ます。

――たしかに工場の活用事例はわかりやすいですね。一方で、先ほどおっしゃっていた開発での活用

――では、どんな効果をねらってやるんですか。

太古　開発のスピードアップ効率化、さらにいろいろな人たちのノウハウを溜め込むということですね。例えば、開発ではエンジンの音で良し悪しを判断するんですが、いままで人間の耳で判別していたものの一部分を自動化するといったことをしています。

――それは、開発にどういう利益をもたらすんですか。

太古　夜中は人がいないのでエンジン音を聞けない。だから二四時間体制で評価を続けられず開発期間が延びてしまう。夜中も音の評価ができれば、開発期間が縮まります。もちろん評価の判定できるところとできないところがあるので、できる部分だけ機械に任せるわけです。それでスピードアップと効率化が図れる。

代走はしない、伴走する

――これだけのことを太古さんのチームで全部やられているんですか。

太古　いえ、僕たちがやるのは、あくまで伴走で、代走はしません。

――代走ではなく伴走、それは例えば、工場の担当の方がご自身で機械学習の開発を含めてやり遂げる、それを太古さんらはサポートする、そういう意味ですか。

太古　そうです。僕たちがやってしまうとスケールしないので、できる人たちを増やさないといけない。だから、僕たちは、自動車でいうとスターターに近い役割で、やりたいという人たちを後押しして、自走できるまで伴走し、コーチングまでするというような体制をとり、泥臭く、できる人たちを増やしていくという形をとっています。

――一部は代走するということはないのですか。

太古　代わりにやってあげるということは絶対しないです。伴走するために一部を代わりにやっているところはありますが、それもあたかも現場の担当者がやっているように誘導する。

――伴走する仕事は、例えば相手が工場担当者だった場合、どんな感じなんでしょうか。

吉田　イメージとしては、例えば担当者にこちらに二ヵ月間来てもらったうえで、みっちりAIをやってもらいます。そのうえで、その部門での事業課題に対して、AIで解決できるように導いていきます。

——二ヵ月みっちりやってもらう内容を具体的に教えてもらえますか。

吉田　工場担当者には、AIを実装するために、Pythonのプログラムであったり、あとは現場で実際にデータを取るといったことをやってもらいます。そこでAIを実装するためには何が必要なのかとか、そういったところを基礎から学んでもらい、実際にAIを活用できる人材に育てていく。

——マンツーマン教育なんですか。

吉田　基本的にはマンツーマンです。

——なるほど。そういう意味では、いきなり伴走しましょうではなくて、最初は基礎体力もない状態

なので、実装も含めた基礎体力をつけてもらうところからスタートするわけですね。

竹内　こちらが唯一求めているのは、やる気と好奇心です。最初の段階で、この二つを持っている人を選抜してもらって、その火を潰さないように、我々も二ヵ月間サポートしていきます。

まず最初の三日間で、ゴールまでの設計図を描かせます。そして、デプロイ（開発したＡＩを実際に現場で実行できる状態にする）まで二ヵ月でいけると判断したテーマだけ進行します。最初にゴールイメージをつけることによって、工場担当者も何をしたいかがわかるので、見通しがつけられます。そのあと、ゴールまでのステップを分解していきます。例えばPythonは一ヵ月でできるように最短ルートで導きます。ＡＩに関しては、最近はDataRobotもあるし、DataRobotでできないところは内製アプリも作ったので、ＡＩに関してはほぼ自動化して、あとは設備にドッキングしてデプロイするところを現場で頑張ってもらう形にしました。

以前はディープラーニングの書き方も教えていましたが、それはちょっと厳しいので、そこは自動化ツールを用いるなど工夫して簡略化しています。するとなんとか二ヵ月でＡＩを使うイメージがつくんです。こうやればデプロイできるという成功体験を積んでもらう。さらに、次にやるときには、どこに着目しないといけないのかの目利き力がつく。そんな感じで、個別にスケジュールを組んでやっています。

——AIのところはほぼもう自動化しているということが印象的だったんですけど、要は、実装して課題解決するっていう部分に、軸足を置いて伴走をしているわけですね。

竹内　そうです、課題解決に軸足を置いています。AIはおまけみたいな感じですね。

高卒社員がAIを使って課題解決する

——皆さんが伴走する工場の担当者は、高卒の方も結構いらっしゃるわけですか。

竹内　はい。九八％が高卒です。

——その高卒の方々は、もともと工場の中でどんな役回りをされているのですか。

竹内　いろいろです。毎日ラインで同じ作業を繰り返している人たちもいますし、工場保全といわれる設備のメンテナンスを担当する人たち、改善組といわれて改善をして稼働効率をよくしていく作業の人も多いです。

――その人たちは、どういったきっかけで皆さんの部署にやってくるんですか。

竹内　彼らは工場で、常にどうやったらもっと作業を効率的にできるか、不良品を減らすにはどうしたらいいかといったことを考えているんです。これまでＱＣ改善をずっとやってきたんですけども、ハードウェアでできる部分は、もう改善をやり尽くしてしまっていて、ほぼやることがない。

そこで我々が言うのは、これからはＱＣ改善にＩＴ力、ソフトのノウハウを入れることによって、改善をスケールアップさせるということが目的であると伝えています。ですからＡＩは押し出していないです。

――なるほど。ＱＣ改善をＩＴの力でさらに強化していく、ということですね。

竹内　はい。それが、我々のコンセプトとして工場の人たちに話していることです。

――そういう意味では、できるだけＡＩの難しさは伝えず、あくまでもソフトウェアとして実装して

改善していくという形で進めていかれる。そういった意図的な思いがあるということですね。

竹内　はい、おっしゃるとおりです。

――とはいえ、プログラミング経験がない人たちが、たかだか一ヵ月Pythonを勉強されて、その後、伴走を受け、さらに機械学習の自動化ツールを使うとはいえ、自身の力でAIを活用したソフトウェアによる開発までいけるとは、私にはかなりの驚きです。

竹内　もちろん全員ができているとは言えません。でも四割ぐらいの人がその後も継続的にやってくれています。

もちろん二ヵ月一緒にやることでプロジェクトが一個できたあと、すぐに独り立ちできるかというとそれは無理です。ですからその後、私たちが全員をアフターサポートしています。すると一年経ったくらいから一人でプロジェクトを回せるようになる人が何人かは出てくるんです。

――先ほど二ヵ月でとりあえず一つデプロイするところまで行くということをゴールにされていると

おっしゃったんですけど、その後も伴走を続けるということですか。

竹内　二ヵ月でいったんこのプロジェクトは終了します。その後、彼らは現場に戻ります。そして現場に戻ってからも、別のプロジェクトにトライするなど、継続的に活動してくれるわけです。このように現場に戻ってからも一年ぐらい継続してくれる人が何人もいます。ですから一プロジェクトだとまだ自立するのは難しいんですけど、その後一年ぐらいサポートを受けながら継続すると、経験を積んで自立できる人が何人か出てくるというわけです。

――竹内さんのおっしゃるサポートというのは、具体的にはどういったレベルなんでしょう？　例えば「プログラムにバグがあって動きません。どうしたらいいんですか」といったことにも対応されるんですか。

竹内　はい。「エラーが出て、英語読めないんですけど」とくると、オンラインで打ち合わせをして、その場でエラーを取ってあげたりといったこともあります。

――なるほど。そういう意味では、本当に手厚くサポートされている印象を受けます。

竹内　はい。二ヵ月間は基本的に臨機応変に、継続してやる気のある人に関しては、かなり手厚くサポートしています。

――伴走するというのは難しいお仕事だと思うのですが、そのために努力されていることはありますか。

吉田　伴走するためには私たちも勉強を続ける必要がありますし、ＡＩも日々進歩し続けていて、新しいものが出てくる中で、自身がどんどんレベルアップしていかないと、ほかの人にも教えることができない。だから、私たち自身がおのおの勉強を欠かさないというのが大切だと思っています。

伴走は代走よりも難しい

――伴走の仕事として、ほかにどんなことをされているんでしょうか。

饗庭　例えば工場の人と一緒に進めるテーマだと、勤務している本社と離れているので、基本的にはオンラインで相談して進捗を確認したりします。自分としては、毎回会議の際に、「この課題は次回までにここまで進めてくださいね。うまくいかないところがあれば相談してください」とお伝えして、進めています。今担当しているテーマだと、工場での在庫管理で、紙ベースの作業を電子化するために、現場の人が使いやすいアプリの作成を進めているところがあります。そうしたテーマだと、実際に現場の意見を聞いたり、現場側の実装準備などをしてもらう必要があるため、スケジュールを管理しながら、「次回までにこれとこれを進めてください」といった感じでお伝えします。自分のほうではそれまでに、アプリの中身のPythonコードの準備をしておいて、次回の相談時に解説ができるようにしておくといったことを繰り返しています。

――主体は現場にあるけれど、現場だけですべてできるとは思っていない。ちゃんと手伝うし、アドバイスもする、バグ探しも、困っていることの相談も乗る。でも、やる気と主体性はちゃんと持ってよ、ということですね。

吉田　はい、そうです。

――そういう意味では、全部自分たちでやることと比べると、皆さんがされている伴走のほうがたい

へんそうですね。

吉田　たいへんですね。でも自身にとっても、より学びは深いんじゃないかなと思っています。ですから伴走型のほうが、どちらもWin-Winな関係になれるんじゃないかなと思います。

——それにしても、伴走型にしようと決心されたことがすごいと思うのですが、それはどこから出てきたんですか。

太古　我々が、現場からテーマをもらってきて自分でコードを書くのはできて当たり前です。でもそれだと最初はいいでしょうが、僕がずっと面倒を見続けるのも嫌ですし、現場の人たちも実力をつけて自分たちでやれるようになったほうが、彼らのためにも会社のためにもなるんじゃないかというのがありました。

——でも、伴走型でやりたいと思っても、それって本当にできるか躊躇されませんでしたか。

太古　伴走型でいけると思ったのは、やっぱりDataRobotを入れたのが大きかったと思います。私自身、DataRobotを初めて体験したとき、自分がコーディングしたら数ヵ月かかっていたことがワンクリックでできた。これを導入したら、もう僕がいなくても問題なくスケールする。テーマを集めてデータがあれば、全部いけるという感じがしました。

——なるほど。DataRobotを見て、伴走型という方針でいくと腹をくくった。

太古　そうですね。そして実際やってみて、すぐ事例ができて、事例発表会までできたんで、やっぱりその方針は間違っていなかったと思います。

——DataRobot活用方法とかについて、社内レクみたいな場も作られたんですか。

太古　はい。イベントなど、そうした場をいっぱい作っています。

やる気のある人を全社から見つける

——でも伴走型というやり方は、普通に考えると大きな壁があって、例えば開発の方とか、生産調達

のご担当の方が、「自分でやるの？　え、やってくれるんじゃないの？」とか思う人もいるじゃないですか？　「自分でやるんだったらいいや」などと思いそうですが、そこはいかがですか。

太古　まさにそういう人たちも多くいました。そして我々は現在、そういう人じゃない人と一緒にやっています。

――つまり、全員が全員じゃないというわけですね。

太古　担当者がやる気がある、上司の理解もある、そうではない人は仕方がないと、ある程度割り切っています。もちろん社内に人がたくさんいる大きな会社だからこうした方針でいけたというのはあります。

一方で僕は、やる気のある人を集める仲間づくりもしています。そのために業務外の機械学習勉強会というのをやっています。

――業務外勉強会っていうのは、時間外で仕事とは別にされるということですね。

太古　はい。ダイハツでは、技術研究会という会社に認められている活動があって、会員が毎月三〇〇円から五〇〇円出し合って、いろいろな勉強をするんです。例えば、車のレストアとか、スポーツカーを造ったりといった研究会があるんですが、そこで僕が機械学習勉強会というのを提案して作りました。

——機械学習勉強会には何人ぐらい参加しているんですか。

太古　一〇〇人ぐらいですね。車の会社なんで、レゴを使ってぶつからないような車を機械学習しようとか、あとはKaggleですね。Kaggleを通してPythonをみんなで勉強したりといった活動をしています。

——Kaggleというのは、機械学習のコンテストですね。予測精度のランキングをつけたりしてみんなで切磋琢磨していく。

太古　はい。そういう競争関係とかゲーム感覚で、Python、機械学習を学んでもらうという取り組みもしています。新入社員も入ってきます。入社二日目に、僕が全新入社員の前で「業務外で機械学習を勉強しませんか」とプレゼンしています。

するると、二割から三割の人が手を挙げて勉強し続けてくれて。そしてそれを業務に適用して、先ほど述べた事例発表会でこんなＡＩを作りましたといった発表をするということもあります。

――参加される社員は理系の方々でしょうか。

太古　いいえ。文系社員、人事部に配属された人などもいます。

――そういう意味では太古さんからのメッセージングとしては、入社時にデータサイエンス系の専門知識というものがなくても、ビジネスに生かしたいという思いと、自分で学びたいという自発性があれば、やり遂げられるということですね。

太古　はい。そういう人をずっと社内で探しています。二〇二〇年一二月には全社六五〇〇人向けに啓発研修をやりました。社長からのメッセージも入れて、ＡＩをとりあえず使ってみましょうという発信と、二時間ぐらいのeラーニングをやったんです。その後、行ったアンケートには五〇〇〇人ぐらい回答してくれたんですけど、そこからテーマを集めたり、テーマはありますという人に実際に声をかけたりといった活動をしています。

——研修も太古さんたちが主体になって実施しているんですか。

太古　ＡＩ研修の中身の体系化は僕がやっていますけど、運用は人事部がしてくれているんです。

——先ほどの自発的な技術研究会とは違う、まさにオフィシャルな人事部研修という位置づけですか。

太古　そうです。このＡＩ研修というのが全部で四段階ありまして（図1参照）、最後の「ダイハツＡＩ道場」というのは、自分で三ヵ月で実装しなさいというところまでやります。ここまで来たのは現在までに二一人でしたけれど、それを二〇二五年までに二〇〇人から三〇〇人

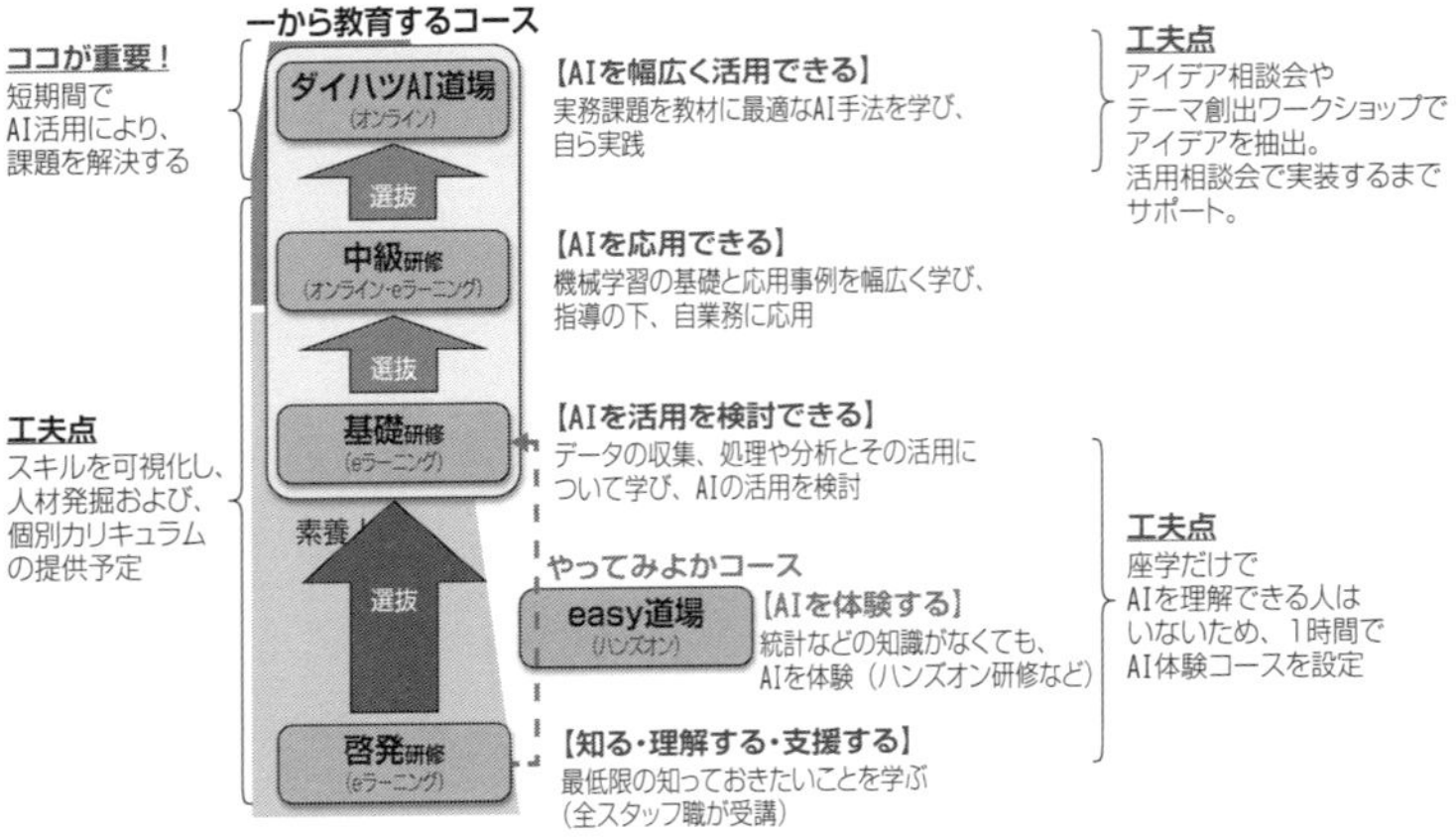

図１　AI研修の体系

ぐらい作りたいと、人事部は人数の目標設定をしています。
また、このＡＩ研修は幅広く受講してもらうために、さっきの技術研究会とは違って、プログラミングレスと数学レスです。

――なるほど。

太古　本当に学びたい人はオプションで数学やプログラミングも出てきますが、基本は出てきません。

――そうすることで、当然参加や修了のハードルが下がりますね。

太古　はい。

――もともとの対象者は六五〇〇名から最後は二一名。ここは、どういうフィルタリングで選抜を行うのでしょうか。

太古　基本は手挙げです。選抜と書いていますけど、やりたい人はどうぞとしたら、自然にこうなりました。

――本人のやる気ということですか。

太古　はい。

――それは上司に了解を得ているんですか。

太古　はい。彼はこんなことをやっているので、ご配慮お願いしますということを、人事から直属の上司と本部長にメールしています。

――本人がやりたいと言ったら、受け入れる？

太古　はい、受け入れています。

――すごいですね。こういうのも基本的には業務外ということになるんですか。

太古　いえ、これは人事の研修なので業務内です。

——研修の中では、DataRobotも使ってやっていく。

太古　はい。中級研修からDataRobotをバンバン使います。

——これは私の仮説なんですけど、アメリカの企業はジョブ型ですよね。一方、日本の企業はメンバーシップ型が主流。すると、データサイエンスに対しての仕事の役割分担のスタンスも変わってきて、アメリカのようなジョブ型ではデータサイエンティストというジョブがちゃんとあるわけです。日本の場合は、メンバーシップ型ですから仕事の職種で分担というよりも、業務内容で分担みたいな感じになっている。

そういう中では、業務担当者が機械学習を自分で使っていくのが、メンバーシップ型の日本企業におけるデータ、機械学習活用のいちばん理想的な姿になってくるのではないかと思っているんです。

そう考えると、DataRobotみたいなツールで専門性の壁を下げるのは、その一歩に感じるんですが、いかがですか。

太古　同感です。

ボトムアップからトップダウンのフェーズへ

――若手の人たちからやる気のある人が出てくるのは、わかるんですが、やっぱり上司からしたら、「なんでそんなことするの？　忙しいのに」とか、「いままでのやり方でええやんか」と言って、ちょっとネガティブなトーンの人もいる気がしますね。

太古　当然そういう人もいます。

――そうした場合、どうされているんですか。

太古「対応しきれていない」というのが答えです。一定層は理解のある上司がいるので、そうした人たちと一緒にやっています。例えば、ある工場の工場長は非常に理解があり、いままで、ＩＴは大卒の人たちがやるものだと勝手に思い込んでいたけれど、高卒の工場担当者がＡＩを学んで成功事例を作ったのを見て、自分たちでできるんだ、DataRobotという便利なツールもあるということが理解できたと言ってくれた。そうした上司がいるところは、やっぱり現場導入をしやすいですよね。
最近では、ほかの工場には負けられないとＡＩ専門組織を自分たちで立ち上げて、実装例もどんどん増えています。
生産技術系の人が新たにマシンを入れるとなると、精度一〇〇％じゃないと入れないというところがあるけれど、工場では、自分たちが今現場で困っているんだから、そこにＡＩを入れることでちょっとでも楽になればいいという発想からスタートしてくれるんです。

――そういう発想は、外部コンサルタントに委託したり、社内のデータサイエンスチームに任せっきりだと出てこないと思うんですね。ＡＩってどうなのと、身構えて批評家的な感じになる。そうではなくて、事業部が主体としてやっていけば、自分事としてＡＩを意識できる。

太古　そうですね。工場はそうです。

――工場以外はどうでしょう。開発とかは。

太古　全然違います。とりあえずやってみようという発想がないというか、やるにあたって、ちょっと考えすぎて、結果として手が動かないという人たちが本社部門には多い印象です。工場は「とりあえずやってみたらええやん」というカルチャーがあります。

――行動する前にそうやってうまくいくのか、どうやってやるのか、そんなことを考えてしまうわけですね。

太古　そうです。あとは自分の今の仕事のやり方を変えたくないというところがあるかもしれません。

――逆に工場では、そういうところをどんどん変えていこうという文化が、前からあるということですか。

太古　ええ。ダイハツは安くていいものを造らないといけないのでリードタイムが非常に短い。するとちょっとでも楽にしたいという、改善というマインドがある。

――つまり、そうした工場のカルチャーと、太古さんの自分事でどんどんやってもらうというやり方がうまく噛み合っているわけですね。

太古　ええ。そこはうまくマッチした感じです。工場以外のところは、ボトムでやれるところは今まで何年かかけてやってきたので、今後はＤＸ委員会を新たに立ち上げて、トップダウンで進めていく準備を進めています（二〇二三年よりスタート）。

一社員の情熱が会社を変える

――太古さん自身のことを伺えればと思います。太古さんは、いつからこういう取り組みを始めたのですか。

太古　二〇一七年から小さくてもやらないといけないと思って始めました。小さなワーキンググループを勝手に作ってですね、始めたというのが最初です。

――小さく始められたときって、太古さんはどういう立場だったのですか。

太古　エンジン開発部にいました。

——エンジン開発部の中の一社員として、エンジン開発部の仕事の中でAIの活用を推進するという取り組みをされたというわけですか。

太古　ＡＩの活用を推進する担当というわけではないんです。エンジン開発の仕事としてはもちろんちゃんとアウトプットを出しながら、プラスアルファでワーキンググループを作って、今の業務に何か活用できるものはないか、機械学習で置き換えられるものはないかといったことをやっていました。

——業務というのは、エンジン開発部の中の仕事ってことですね。

太古　はい、そうです。

——エンジン開発部の、エンジン開発担当として、仕事を一人

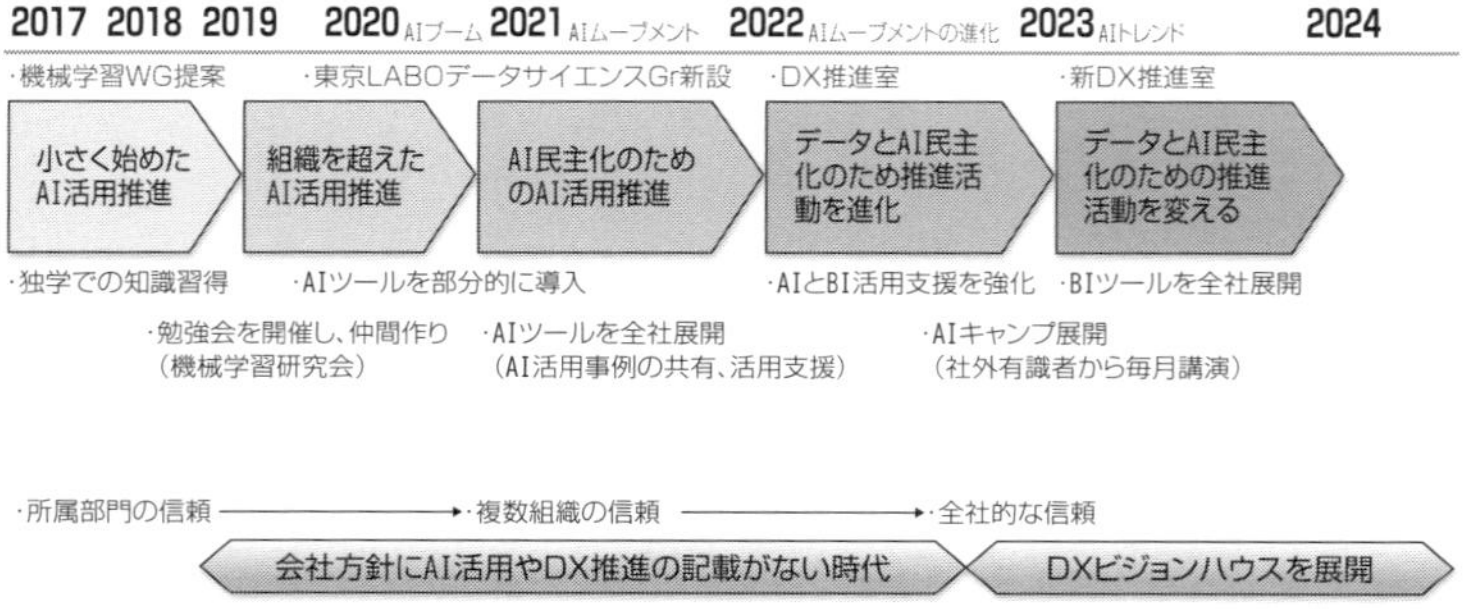

図２　AI活用の歩み

前以上にこなしながら、プラスアルファでそういったことを勝手に始めたんですか。

太古　そうですね。

——上司から「今年度はこれをしろ」という指示もない中で。

太古　はい。「ワーキング、作ります」と言って、提案書を作りました。その後、二〇二〇年になって、エンジン開発部の枠を越えた活動を始めました。

——そのときはまだ太古さん自身はエンジン開発部の担当という立場だったんですか。

太古　そうです。二〇二二年まではずっとエンジン開発部です。

——それはすごい話ですね。エンジン開発部の担当者が、全社のＡＩ活用推進をやっていくとは。さすがに何か、ある程度社内での承認みたいなものはあったんですか。それともそこも勝手にされてる形だったんですか。

太古　エンジン開発の中で、データサイエンスグループを作ってもらったのは二〇二〇年一〇月ですね。

――それは、ＡＩの推進が仕事になったということですか。

太古　そうですね。データサイエンスグループというものになって、形のうえではエンジン開発の中のＡＩをどんどん進めなさいということにしてもらいました。

――太古さんはエンジン開発の担当から、エンジン開発部の中でのＡＩ推進担当になった。そういうことですね。でも、あくまでもエンジン開発部の中でのＡＩ推進担当なのに、どうやって全社的な活動を始めたんでしょう？

太古　さっきもお話ししたように、業務外の取り組みの技術研究会を作って、そこで一〇〇人ぐらい「やりたい」という人たちが来ました。「おもしろい」「じゃあ、一緒に事例作ろう」と盛り上がりました。「じゃあ、ＡＩやろうやろう」と言って。それからDataRobotもあるし、DataRobotを使うと簡単にできるので、そこから事例共有会と広がっていったんです。

するとそこでまた興味を持っている人たちが集まり、さらに事例が増えてきたので、二回目の事例共有会をやった。そのときに誰かが社長にリークしたらしく、いきなり社長が来てしまったんです。

――おもしろいですね。「いきなり社長が来た！」というわけですね。

太古　はい。二回目に来て、社長は、「どこの部署にいても全社の活動をしてええやん」みたいなことを発言してくれたので、よりやりやすくなりました。

――エンジン開発部っていう部署の担当ではあるが、おまえが全社ＡＩ推進を堂々とやればいいというお墨付きをトップからもらったということですか。

太古　そうです。後押ししてくれた。

――これはすごいですよね。人事的な発令は、まだないですか。

太古　それはないですね。

――お言葉だけかけてもらった。

太古　はい。ものすごいお言葉をもらったので、僕のエンジン開発の担当役員も、「やったらええんちゃう」みたいに言ってくれて、後押しをしてくれた。

――そういう流れだったんですね。その後、現在の全社的にＡＩ推進をする立場にはどういう経緯でなられたのですか。

太古　僕のいたエンジン開発部も所属する技術部全体の中で、専門人材を東京で採用するという動きがあって二〇二〇年四月に東京ＬＡＢＯというのを立ち上げたんです。で、そこでやりたい人を社内で募集していたので、僕はＡＩをできる人を集めたいと手を挙げたら、じゃあ、いいよと言ってもらえたんです。そこで予算もいっぱい付けてもらって、人も三人採用できて、そのタイミングでグループを作ってもらったんです。

――それにしてもすごい突破力ですね。太古さんは社内ではどんな存在だったのかなと興味を持ちました。

太古　この活動をする前から、イベントを企画するなどいろいろな活動はしていたんです。

――会社の中ではそういった、結構やんちゃな人間だったのですね（笑）。

太古　例えば、トヨタとのいろいろなコミュニティ、交流会とか作ったりといったことは、かなり前からやっていました。もちろん普段の業務でちゃんと人並みにはアウトプットを出しながらですが。ですから社内を盛り上げるような活動は以前からやっていたので、ＡＩの活動も「またか」といった目で周囲からは見られていたと思います。

――なるほど。でも上司によっては、「こいつはほんまに、いつもいつも勝手なことばっかりしやがって」というような感じで見る上司もいると思いますよ。

太古　そういう意味では、上司に恵まれていたということもあるのかもしれません。

――上司はサポーティブでしたか。

太古　サポートはなかったですけれど、はじめに何も言わずに提案しに行ったときは、「いらん」「やめとけ」みたいに言われたんですが、実際にやってみて、事例発表などでその上司を呼んだときに内容を聞かせたら、「むちゃ、ええ活動やな」とか言ってくれた。そこで、自発的にやっていても、会社としていいことをやっていれば、別に怒られないんだと思い、いろいろとやっていましたね。

――実績を作ったら、それを認めてくれる上司がいるという成功体験を持たれているんですね。

太古　はい。そうして自分のポジショニングもできてきたと思います。

あとはその前に、そういう活動ができるように、仕組みを先に作ったというのも大きかったです。グーグルにはグーグル二〇％ルール（仕事時間の二〇％を、すぐに見返りを得られる見込みはなくても、将来大きなチャンスになるかもしれないプロジェクトの取り組みに使える）というのがあると知って、それを真似して、部門トップに、「二〇一九年に向けて、九％ルールを作りたい」と提案したんです。すると、「まあいいよ、九％ぐらいだったら」と認めてもらいました。

――それは太古さんが部長に提案したんですか。

太古　そうです。「独自ルールを作っていいですか？」と提案しました。

――すごいなあ。太古さんの行動力。それで、九%ルールも勝ち取ってどうなりましたか。

太古　プラスアルファの九%の活動に対しては、何も言われないです。九%の枠組みの中で、ワーキンググループを好き勝手に作って、そこでは将来のリーダー育成のためと言って、いろいろな人にリーダーをやってもらっていました。

――太古さんは、本当に突破力がすごいですね。

太古　ストレングスファインダという、人の資質を明らかにする診断がありますが、それによると、僕の場合はいちばんはじめに「着想」がくるそうなんです。だからいろいろな人からさまざまな話を聞いたり、たくさん本を読むんでしょうね。そして僕自身、言語化できない何かを見つけるらしいんですよ。で、見つけたものを会社に置き換えたり、自分たちに置き換えて、アレンジをしてしまうという思考らしいです。

――いやーすごいですね。

本気でやれば、応援する人は必ずいる

――これからの太古さんの展望を教えてもらえますか。

太古　毎週のように「何かテーマがありませんか」といった相談会を開催しています。集めたテーマはざっくり一〇〇テーマ。開発がいちばん多く、工場、調達系とか。あとは営業とかカスタマーサービスとか、本社系の仕事ですね。工場での成功を工場以外のところについてスケールさせていきたい。

それから、可視化だけで解決する課題もいっぱいあると思っていたので、ＡＩにこだわらず、データ分析でちょっとでも人が楽になるような取り組みを今後もやっていきたいです。そして、早く楽になりたいんでグループは二〇二五年には解散したいというのをずっと言っています。

――事業部で自立する？

太古　そうです。みんなが自立して使える状態にしたい。そして、そういう支援をする活動は解散したい。そこからは、もっと新しいビジネスのほうに走っていきたいです。

――伴走業務は終了ということですね。

太古　いつまでも伴走業務をしていても、おもしろくないじゃないですか。

――なるほど。では最後に、日本企業へのメッセージなどありますか。

太古　意外とやってみたらうまくいくよっていうところはありますし、そういう気づきを得てもらうために、中小企業を応援するために講演したり、ワークショップをしたりという取り組みもしています。

　あと伝えたいことは、世界観を持って泥臭くそれに向かって本気でやれば、誰かしら応援してくれるっていうのが、僕の気づきです。

　その場だけで言っても愛がない人はやっぱり応援してくれないですけど、「ほんとにやりたいんです」って言い続ければ、必ず応援してくれる人も出てくる。社長もそうですし、何かいい仲間が寄ってきてくれると思っています。とにかく小さなことからコツコツとですね。

――そうですよね。

太古　僕も特別なことをしているつもりはなくて、開発にとっていい世界観を作りたい、といったことを思い描いてやっていたら今みたいになったという感じです。

――太古さん、愛されキャラなんですよ。

太古　時代も追い風かもしれないです。あとはコミュニティづくりですね。ファンづくりというような言い方をしていますけど。二〇二二年三月から始めて、今五〇〇～六〇〇人ぐらいいます。

――素晴らしいですね。

（二〇二二年九月二七日）

太古無限（たいこ　むげん）（写真）
2007年にダイハツ工業に入社後、エンジン制御開発を経て22年1月よりDX推進室データサイエンスグループ・グループリーダー兼東京LABOデータサイエンスグループ・グループリーダー。滋賀大学などでもアドバイザーを務める。

吉田裕貴（よしだ　ゆうき）
2017年ダイハツ工業入社、エンジン先行開発に従事後、東京LABOデータサイエンスグループへ。BI担当。

竹内裕喜（たけうち　ゆうき）
三菱重工株式会社・三菱航空機株式会社での航空宇宙エンジニアを経て、ダイハツ工業に入社。東京LABOデータサイエンスグループ所属。AI企画開発、メタバース企画開発担当。

饗庭拓真（あいば　たくま）
滋賀大学データサイエンス学部２期生（河本ゼミ）。新卒でダイハツ工業入社。東京LABOデータサイエンスグループ所属。

▼インタビューを終えて

ダイハツ工業では、現場担当者自身がＡＩ開発をしています。高卒の社員たちが、自ら機械学習を用いたソリューションを開発して工場で活用しています。まさに「ＡＩの民主化」を実現しているのです。なぜそんなことを成し遂げられたのか。その鍵は、中堅クラスのキーパーソン（＝太古さん）の存在でした。

太古さんのすごいところは、方向性を見定める力＋人を巻き込む力を併せ持つところです。おそらく、普通の感覚では、高卒の現場担当者にＡＩ開発をさせるなんて無理ってあきらめるでしょう。でも、太古さんは、「現場担当者自身でＡＩ開発しなければスケールしない」という軸がぶれないから、どうやれば現場担当者自身でＡＩ開発できるようになるかを考える。考えて考え抜いて、機械学習の自動化ツールを導入しよう、そして、現場担当者がそれを使ってＡＩ開発できるように支援しよう。じゃあどんなふうに支援するかというと、「現場担当者自身がＡＩ開発できるように伴走するのであり、代走は絶対にしない」と軸がぶれないのです。

でも、軸がぶれないだけの人ならば、単なる理想主義者です。太古さんのすごいところは、その軸に向かって会社を変えるべく、周囲を巻き込む力も持っているところです。自身の組織内で機械学習仲間を増やすところから始まり、全社的な機械学習のコミュニティを作るなど、ＡＩ開発してみたいという仲間を増やす。加えて、上司や経営層を味方にしていく力も持っています。勤務時間の九％を独自プロジェクトに使う制度を作るとか、東京ＬＡＢＯで人を採用するとか、上司や経営者の懐に入って了解を得ていけるのです。

ただし、太古さんというパワフルな中堅の存在だけでは、このような展開は難しかったかもしれません。太古さんという「出る杭」を、上司や経営者は打つのではなく伸ばした、そういった社風があるからこそ、太古さんという人材がダイハツ工業の中で大きなムーブメントを起こしているように感じました。

THK
——IoTでビジネスモデルをものづくりサービス業に変革する

ＴＨＫ株式会社は、工場の製造ラインを構成する各種装置などに使われるリニアモーションガイドなどの機械要素部品を製造する会社です。二〇二二年一二月期で売り上げ三九〇〇億円、従業員数はグローバルで約一万三〇〇〇人です。

最近、ＴＨＫは、工場ＩｏＴ（製造ラインのネット接続）を用いたソリューションプロバイダとして、全国の工場から注目されていると聞きます。製造ラインの部品メーカーは多数あるなかで、なぜ、ＴＨＫは抜きんでて成功しているのでしょうか。会社の規模や扱っている部品の種類が際立っているわけではありません。ということは、取り組み方が他社と違うのでしょうか。それを明らかにしたく、ＴＨＫでＩｏＴビジネスを推進する寺町崇史専務（二〇二四年一月に代表取締役社長就任）へ話を聞きに行きました。

社名に込められた意味

――ＴＨＫさんの社名、これには大きな意味が込められていると伺いました。

寺町　じつはToughness（タフネス）、High Quality（ハイクオリティ）、Know-how（ノウハウ）という言葉の頭文字をつなげたものなんですが、これは私たちのお客様へのノルマなんです。壊れない製品をお客様に提供する。世界最高品質の製品をお客様に提供する。

　そのなかで三つ目のノウハウについて、「ＴＨＫがそれでノウハウを貯めていくんでしょ」と言われることもありますが、そういうことではなくて、「我々の製品・サービスを通じてお客様の新たなノウハウづくりに貢献する」という意味を込めたそうです。

――タフネスとハイクオリティは、同じ次元のものとして捉えてわかりやすかったんですけれど、ノウハウだけ異次元だと思っていました。このコンセプト、すごいですね。

寺町　はい。私も聞いて、なるほどなと思いました。

――最初からあったんですね。

寺町　先代の社長、私の祖父にあたりますけど、創業当初から創造開発型企業だということは謳っていたようです。主力製品であるＬＭガイド（リニアモーションガイド）も、じつはお客様の声を聞きながらできていったものだと聞きました。だからこそ我々はソリューションビジネスをやっているんだということは、現社長（寺町彰博氏、二〇二四年一月より代表取締役会長就任）も言っています。

――ＴＨＫさんの商品というのはどのようなものでしょうか。

寺町　まず先ほど申し上げたＬＭガイドが主力商品としてあげられます。リニアモーションガイドは、ベアリング技術を生かし、レール方向に滑らかな直線運動をさせるための機械要素部品です。工作機械、半導体製造装置、自動機関係、あと最近増えてきているのが、３Ｄプリンタ関係と産業用ロボットといった分野です。さらに、自動化に伴い医療関係の機器系や測定器、手術用ロボットにも部品を使っていただいています。物流倉庫関係も自動化が進んでいますので需要が増えています。

ちょっと毛色が変わったところでは、航空機のビジネスクラスのシートや鉄道の車両ドア、ホームドアなどにも、じつは弊社の部品をお使いいただいています。
我々の強みは、一つはもちろん直動ベアリング技術です。もう一つは、設備そのものを作る技術を持っていることです。最近は、お客様の要望に応える形で、新規分野への展開もいろいろとやっていますが、今のところ、我々は部品メーカーであるという立ち位置は変えずにやっています。

――グローバル展開はかなり進められているんですか。

寺町　現在、生産拠点として産業用機器、輸送用機器合わせて三七拠点を持ち、うち海外は二五拠点です。最近では二〇二一年からインド工場の稼働を始めました。

ビジネススタイルの変革

――今回の取材のテーマであるデータドリブンということでいえば、どのような取り組みをされているのでしょうか。

寺町　我々の成長戦略では現在、「グローバル展開」「新規分野への展開」に加えて、「ビジネススタイルの変革」があります。データドリブンは、この「ビジネススタイルの変革」に大きく関わってきます。

二〇一五年までは「グローバル展開」と「新規分野への展開」という、二軸でやってきていました。そこに一六年、「ビジネススタイルの変革」が加わりました。ちょうどインダストリー４・０が世界的に広がり始めたタイミングです。二二年にこれらを進展させて「ものづくりサービス業への転換」という言葉になりました。

そのために現在、製品を基本としながらも、周辺のサービスなど付加価値を付けてお客様に喜んでいただける仕組みを作ろうとしています。

そのための仕組みは大きく分けて二つあります。一つはウェブサービスの「Ｏｍｎｉ　ＴＨＫ」。従来の対面・メールでのコミュニケーション中心だった営業活動を、対面・デジタルのハイブリッドにしていくということです。必要な情報を必要なときにお客様が入手できるようなウェブサービスを立ち上げ、これをどんどん進化させてユーザー数を増やしていくことに注力しています。

――「Ｏｍｎｉ」は「すべて」とか「あまねく」といった意味ですね。

寺町　ええ。我々のビジネスモデルでは、直販だけではなく、代理店様経由でのビジネスがあります。「ＯｍｎｉＴＨＫ」の考え方としては、お客様と我々がつながり、お互いの生産性を向上させていくというのが目的です。モジュールの一つには、基幹システムと基幹システムをつなぐＥＤＩ（Electronic Data Interchange）連携を構築し、受発注ができる仕組みがあります。現在代理店様への導入が進んでいます。

もう一つはＩｏＴの「ＯＭＮＩｅｄｇｅ」。まずはお客様のラインを絶対に止めないことを目指して、部品の異常予兆検知サービスからスタートしました。

――ではまず、「ＯｍｎｉＴＨＫ」の仕組みについて、具体的に教えてもらえないでしょうか。

寺町　「ＯｍｎｉＴＨＫ」では、代理店様と実際のユーザー様に対して、要求に応じたソリューションを提供したり、わが社に保管されている図面データやそのほかの社内データをお客様に検索を通じて見に来ていただくことで、我々にわざわざ聞かなくても情報を取っていただける仕組みを作っています。

――見積もりも自動でできるんですか。

寺町　はい。そのためのモジュールも作っています。社内的にはインサイドセールスという仕組みを二〇二〇年に導入しました。インサイドセールスというのは、基本的にはお客様に必要なときに必要な情報を提供していくという思想の下に、展示会やわが社の技術サポートサイト、オンラインセミナー、チャットといったところから営業のアクションを起こす方法です。そして、その結果発見された案件を実際のフィールドセールスで受注につなげていくという活動も始めています。これは日本だけではなく、グローバルで推進をしています。

「新規分野への展開」というのが我々の戦略の大きな軸の一つです。今のトレンドでいくと、さっきの３Ｄプリンタもそうですし、ＥＶ系では電池など、いままで存在しなかった分野で急速に企業が出てきたり大きくなっていますので、その一環として、従来のお客様だけではなく、新規のお客様をいかにつかんでいくか、そこでお客様の困りごとを見つけたり、必要な情報を必要なときに提供していくということに取り組んでいます。

「Ｏｍｎｉ ＴＨＫ」ではさらに、開発から最終的にお客様に納入するためのサイクルを、リアルとデジタルをハイブリッドした形に持っていこうとしています。やはり欲しいときに欲しい情報とモノが手に入る状態を作っていこうとしています。

IoTという新規ビジネス

寺町　一方、もう一つの産業用IoTサービスの「OMNIedge」については、組織的にも二〇二〇年にIOTイノベーション本部を作って産業機器事業と分けました。いままでTHKは事業の柱としては自動車部品、産業機器部品でやってきましたが、ここにIoTサービスという新しいビジネスをやる部門を作ったのです。

――本部を作られる前はプロジェクト的にやっていたんですか。

寺町　はい、部門横断的なプロジェクトでやってきたんですが、商用化するタイミングでいろいろ議論して、新たに部門として独立させることにしました。

IoT部門で特徴的なのは、自社で持っていないアセットが必要なので、社外のいろいろなところと組んでいくということを基本スタンスにしながら、様々なアプリケーションを開発しているところです。

また、「OMNIedge」で特徴的なものとしては、「レトロフィット」が非常に大きなコンセプトになっているということです。

――レトロフィットということは、既存の部品にセンサーをすぐに付けられるということですか。

寺町　そうです。既存の部品に後から簡単に付けられるということです。

　また、お客様にとっていちばん大切なのは、ラインを止めないことなので、センサーで異常の予兆を検知することに加えて、クラウドサービス利用特典として、お客様から代替え部品がすぐに欲しいという情報がこちらに届いたらすぐに生産して届けるという仕組みを作っています。これは年二回までのチケット制にしています（図1参照）。

――データはすべてクラウドに集まる仕組

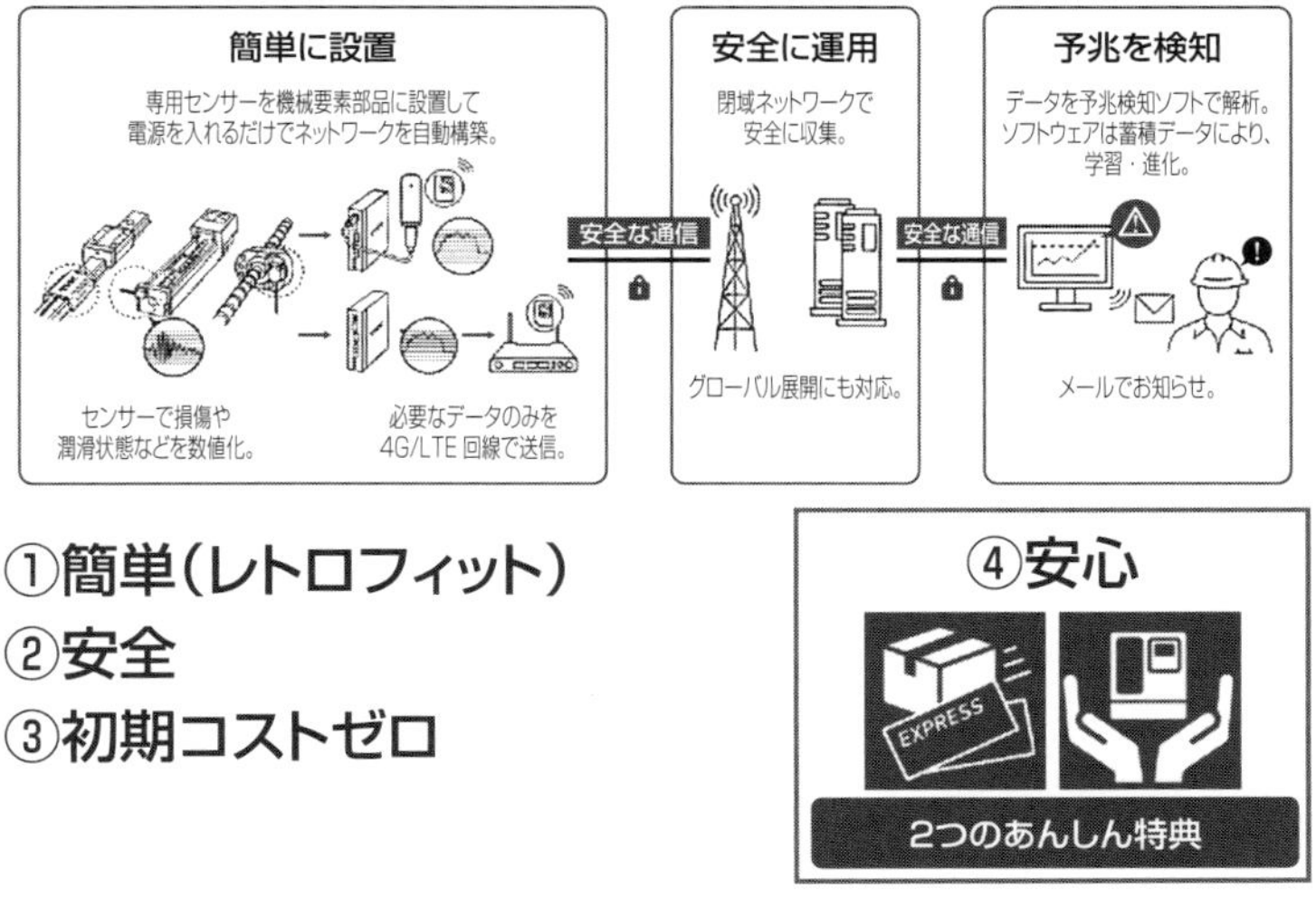

図1　OMNIedgeのコンセプト

みなのですか。

寺町　基本はクラウドにデータが貯まる仕組みにしています。ただ、オンプレ（自社内のサーバーにセンサー情報を取り込む）でやりたいというお客様もいるので、それぞれ対応しています。

――つまり、情報を外に出したくないというお客さんもいるということですね。

寺町　はい。そこで、クラウドサービス利用特典として、万一センサーの予兆機能が働かず部品が壊れた場合は保険会社と組んで部品費用と交換費用の補償を付けています。

――それはＴＨＫさんの付けたセンサーで予兆検知できなかった場合は支払いますということですか。

寺町　ええ、予兆検知できなくて機械が突発的に壊れた場合ですね。

――保険というからには、保険を支払う条件を明示しないといけないわけで、それは結構難しいことかと思いますが。

寺町　きちんとセンサーを付けて定期的にクラウドに情報を上げているかどうか、システムは正常に動作していたかどうかは、後でこちらも確認できますし、それでも予兆検知できなくて機械が壊れた場合は補償します、ということですね。当初、お客様から「センサーを付けていて壊れたらどうしてくれるんだ。センサーを付けても壊れたときの補償が何もないと、センサーを付ける意味もあまりないんじゃない？」という意見もあったので、我々もメーカー責任としてできることをやろうっていうことを考えました。

――「OMNIedge」を始めて、発見などはありましたか。

寺町　「ＯＭＮＩｅｄｇｅ」を後付けにしたということもあるんですが、実際に装置を使っているお客様がいままで部品が壊れてラインが止まって困っていたということもわかったし、業界的には自動車部品だけじゃなくて、じつは食品や建材といった業界でも使われていて、そういった業界では、私たちが想定していたのとは異なる厳しい使用環境で使われていることがわかってきた。もともとの想定分野である工作機械や半導体業界での使用環境についてはずっと研究してわかっていたんですが、いままで想定してこなかった他分野の情報が取れるようになったのは大きいですね。

また、実際に装置を使っているユーザー様と直接つながるようになったのは、非常に大きいと思っています。

――ということは、これまではどっちかというと装置を製造しているマシンビルダーさんとのお付き合いがメインだったということですか。

寺町　はい。部品製造企業として、今までマシンビルダー様とは直接コミュニケーションを取る機会はいっぱいあったんですが、マシンユーザー様からフィードバックを得る機会がなかなかありませんでした。

それが、サプライチェーンと言われている一方通行の世界だったわけですけど、「ＯＭＮＩｅｄｇｅ」を始めたことで、マシンビルダー様の先にいるマシンユーザー様と、直接会話できるビジネスが始まっています。マシンビルダー様とは、「Ｏｍｎｉ ＴＨＫ」でデジタルでつながり、マシンユーザー様とは「ＯＭＮＩｅｄｇｅ」を通じてデジタルでつながることで三者のエコシステムを作り、そこで製品の価値をどんどん上げることができればと考えています。

――「ＯＭＮＩｅｄｇｅ」でマシンユーザーとつながっただけではなくて、これがきっかけになって、コミュニケーションの形が広がったということですね。

寺町　はい、そういうことです。一方通行のコミュニケーションから、三者でコミュニケーションを取りながら価値を上げていくという道筋が見えてきたところです。

経営理念の三つの要素

寺町　もともとTHKの経営理念が「世にない新しいものを提案し、世に新しい風を吹き込み、豊かな社会作りに貢献する」というものです。それを今改めて我々の価値観という形で再定義をし直して、それを少しずつ社内に広げているところです。

「世にない新しいものを提案し」というのは、創業の先代の言葉ですが「製造業というものはいかに性能の良いものを安く作るのかが命だ」とか、「基本原理に忠実に。応用は大胆かつ斬新に」と、このへんは社内的には脈々と受け継がれている部分です。技術志向といってもいい。

「世に新しい風を吹き込み」というのは新規分野展開もありますが、お客様にTHKの声を届けて、一方でお客様の声を聞いてくる。そしてこれをグローバルにやる。ここは顧客志向だと思っています。

そして今のフェーズが「豊かな社会作りに貢献する」。先ほど説明させていただいた三者のエコシステムづくりのなかでも改めてこれが大切だということを強調しています。いままでは、課題を見つけて、どんどんいろいろな分野に提案営業をして商品を開発して、ということを続けてきましたが、これからはサプライチェーンをエコシステムに変え、持続可能な社会の実現により貢献するため、ものづくり業からものづくりサービス業へ転換を図ろうと言っています。

また、二〇二二年六月にサービスロボット研究所とサービスロボット事業部というのも、設立しました。お客様のニーズに応え、困りごとを解決するなかで、我々はロボティクスという領域にも入っていったのですが、いろいろな部門に点在していたこともあり、これを一度全部集めて、活動をさらに強化しようという意味があります。そこでは、例えば物流の棚ピッキングをするロボットシステムや、搬送ロボットの販売を始めています。

——なるほど。今までもお客さんの問題解決を図るということを製造の原点に置かれていたのが、時代状況に応じてデジタルを融合・活用するようになったということですね。

寺町　はい。ソリューションを常に追い求めてきた結果、時代に合わせて表現の方法をどんどん進化させていったという感じです。

――お話を伺っていると、デジタル化を進めていったのは、自社のビジネスを効率化するためというより、お客さんのビジネスをより効率良くするにはどうしたらいいかという発想からだという感じがします。

寺町　その辺は、創業当時からの理念「ＴＨＫ」のＫの部分が根底にあるのかなと思っています。

既存機に付けろ

――今はＩｏＴ時代なので、ＩｏＴソリューションを作っていこうというのはどの会社でも自然の流れですが、ＴＨＫさんの場合、お客さんのニーズに応えようというところから生まれたものなんでしょうか。

寺町　二〇一六年くらいに、将来「ＩｏＴは当たり前」の時代になっていくトレンドが見えてきたときに、トップがこだわったのが、先ほども申し上げた「レトロフィット」という考え方でした。

じつは、基礎研究をやっていたメンバーが、「これから新しいガイドにこのセンサーを搭載します」というようなことを会議で言ったら、トップが「お前ら、何考えてるんだ！」っていうところから始まったんですね。

——もともと研究はされていたんですか。

寺町　我々のガイドの現象をどう捉えていくかという研究は以前からやっていました。そこで二〇一五年から一六年にインダストリー４・０という流れが大きくなってきたときに、ＩｏＴを我々も手掛けないと将来は生きていけないだろうというところからどうビジネスに結び付けていくかを考えていたんです。

そこで開発部隊が当初イメージしたのが、新製品にガイドの機能アップのためのセンサーを付けるという考えでした。

——そうしたら社長から、「既存機はどうするんだ」と怒られたんですね。

寺町　はい。新しい機械がＩｏＴ機能を搭載していくのが当然になるにしても、世の中を早くＩｏＴ化しようと考えると、既存の機械をどうするかが大きな問題になる。既存機を新しい機械に置き換えていくのはおそらく何十年もかかるだろう、だから既存機をIoT化しないとダメだろうとトップが考えたわけですね。

――常にお客さん目線で、製造業がIoT化を進めていくためには、THKさんとしてどういうことをしていったらいいかを考えたということですね。

寺町　ええ。そうだったんですが、じつは最初はマシンビルダー様から「IoT化する意味はないよ」という話があったんですよ。

――どういうことでしょうか？

寺町　最初に既存機を後付けでIoT化する「OMNIedge」の仕組みを考えて、マシンビルダー様に持っていったんですね。「一緒にやりませんか。THKでこういうの作ったんですけど、これを買ってもらって、お客様の装置の価値にしてもらえませんか」と言ったら、だれも理解してくれませんでした。「意味ないよ。THKの部品は壊れないしね」などと言われました。そこで、我々の「OMNIedge」のいちばんの価値というのはマシンユーザー様が感じてくれるものではないのかということで、マシンユーザー様に持っていったんです。

――そうした展開は最初から想定されていたのでしょうか。

寺町　いいえ、もし最初にマシンビルダー様が「いいね」と言って取り入れてくれたら、直接マシンユーザー様とビジネスを始めるというところには行きつかなかったかもしれません。ただし考え方としては、マシンユーザー様と直接つながりたいというコンセプトはありました。

――そうした話は社内で最初からあったんですね？

寺町　ええ。初めからあったんですが、最初はいままでの付き合いの深さもありますし、マシンビルダー様に持っていったんです。そうしたらけんもほろろの対応だった。でも、改めてこれからの世の中の動きを考えると、ＩｏＴが当たり前になると装置自体がデータ発生源でしかなくなる。すると、機械自体の価値が低下して我々の部品も価格低下圧力が一層高くなる可能性がある、それを考えると、収益構造を変えるためにも、お客様もマシンユーザー様まで広げていく必要があると考えました。

そこで我々のＩｏＴビジネスでは、マシンユーザー様に直接サービスを提供して、価値を感じてもらう試みを始めたわけです。すると最近ようやくマシンビルダー様からも、新製品のＴ

ＨＫのＬＭガイドの予兆検知を標準に搭載したいといった話がくるようになりました。

――ここまでのお話を伺って、なぜＴＨＫさんがＩｏＴビジネスを成功できたのか、その鍵が見えてきました。ほかの企業は、ＩｏＴはモノのおまけという発想をするところが多い。でもそうした考え方だと、結局製造コストが上がるからといって最初からネガティブにＩｏＴをコストアップ要因としてみてしまう。ＴＨＫさんの場合、社会をよくするという視点から取り組もうとした。モノに付加価値を付けるというよりも、社会をよくするためにはどうすればいいかと考えると、レトロフィットだろうという結論になった。

寺町　トップがそのように判断したということですね。もちろん、我々自身も製造工場を持っていますので、償却が終わっている設備でいいものが作れるのだったら、それがいちばん利益になるという判断もありました。

――ＴＨＫさん自身がマシンユーザーだったということでもあるんですね。

寺町　ええ。それもあったんだと思います。

――顧客の立場が身に染みてわかるという立場でもあった。それでも目先の話だけでいけば、モノを作って売るという基本ビジネスモデルにプラスアルファで考えたくなるのが普通だと思うんですね。そうしなかった判断がすごいと思います。

シンプルなトップダウン

――もう一つ聞きたいんですけど、ＴＨＫさんは上場企業ではありますが、社長が創業者の家系じゃないですか。そういう意味じゃ、私の初期仮説としては、創業家経営ではない企業と違って、トップのカリスマ的な要素が大きいのではと思いました。

寺町さんも前職は別の会社にいらしたと思うんですけど、そういった通常の日本企業と比べると、トップの力というのが、創業者家系であるということで、目に見えない力というものがおありなのかなと。

寺町　トップダウンの言葉が非常にシンプルというのはあると思います。私も前職は一般企業にいましたが、信頼されて思考明晰な人が言った言葉で腹落ちすれば、どんな企業のどんな部署でも、やっぱり人は動くと思います。それがたまたま創業者家系がそういう思考明晰で、腹落ちをするようなことを言ってくれるっていうのは大きいです。

――創業者の家系だからということよりも、思考明晰で信頼される人だということですね。

寺町　それがたまたま二代うまく続いてくれて、今のところは、ということだと思います。それよりも、トップがあまり変わらないで一貫性があるという部分も大きいのではと感じます。下が信頼を置けるという環境を時間軸的に作る。人が代わるともう一回信頼関係から作らなきゃいけないところから始まりますから。

――まったくそうですね。そしてもう一つは、経営者の方々は、社員の方々に対して伝える言葉の力を持っているかどうか。

寺町　わかりやすく力強い言葉。

――通常一般的な日本の大企業って、物事が空気感で決まっていくことが多い。社長が「これからはＤＸをしなくては」とか言い出して、社長の言っているＤＸというのはどういう意味かと下が考えて、そこで「たぶんこういうところを言ってるのかな」とか、「このあたりを落としどころにしたら、

社長も満足してくれるかな」と忖度する。こういう感じのところが多い。

寺町　そうしたところは、ＴＨＫにはないですね。そこはシンプルです。だから、決めるべきところをトップが決めてくれるというのはあります。

――決めるべきところをトップが決めるというのが当たり前だけどすごい。

寺町　やはりトップに「既存機をＩｏＴ化しないと世の中がＩｏＴ化するのに途方もない時間がかかる」と言われたら、みんな、「それはそうだよな」と、グッと現実に引き戻される。だから、技術開発部隊も当初は「ＩｏＴで何かやれ」からスタートしたのですが、その形がだいぶ見えてきて、この次はどう展開するかというときの社長からの一言は大きかったですね。

男性社員　私は中途入社組ですが、ＴＨＫは社長の話を直接聞ける機会が多いと感じます。

――社長と直接ですか。

男性社員　一対一ではないですけど、社長が工場を回って、工場の全員を集めて話されるとか、年末年始や朝礼の場で話す機会は多いです。そうした場で社長が自らどんな思いで方針を出しているかというのがすごくよく理解できますね。

――社長が直接、社員に語られることがよくあるのですね。それはすごいですね。
今お話を伺って二つ思いました。一つは経営者のあり方として、長期的視点、全体的な視点、社会の視点で見るということ。もう一つは、それを言葉にして社員を動かすということ。そのベースには経営者としての力、長い期間を務めることでの一貫性があって、それが会社としての一体感にもつながっている。

トップの言葉を実際にどのように落とし込むか

――寺町さんの言葉で印象的だったのは、「シンプル」という言葉です。シンプルこそが大切で、その具現の一つがレトロフィットかなと思いました。

寺町　これが示されたあと、みんな大変でしたけどね。

――社長がこれを発言されたのは、どういう会議だったんですか。

寺町　毎月、技術開発部隊が社長に、どんなテーマでどんな開発をしているかを上げる会があるんです。「わくわく報告会」という名前なんですが（笑）、社員はみんなわくわくだけじゃなくて、ぴりぴりという気持ちもあるんじゃないかな。

――「既存品をＩｏＴ化しないと世の中がＩｏＴ化するまで途方もない時間がかかる」と言われると、何の反論もできないですね。

寺町　でも言われたほうは、「じゃあ、どうするんだ」ですよ。我々にとってはいちばんハードルが高いことを言われたわけで、まず通信ネットワークをどう準備するんだ、から始まるわけです。ＴＨＫはもともとそんなアセットないですからね。

――なるほど。レトロフィットにしようと思ったら、それに必要なものを、すべて用意しないといけない。

寺町　ええ。だからどこと組むかというところから始まったわけです。

――これをトップが言わずに、社内の中間管理職が言っても、みんなから総スカンでつぶされそうですね。

寺町　そうだと思います。でもトップはこれじゃダメだとは言うけれど、では具体的にどうすればいいのかを考えるのは下の人間ですからね。

結局みんなＩｏＴ化と言われているけど、例えば工場でＷｉ－Ｆｉの仕組みが入っているのは大企業だけですから、中小の場合、その設計をどうするかというところから始まるわけです。

方向性は決まったんで、では、その方向を実現するためにどうしたらいいのかを考えることが、私たちの部門の仕事になるのです。

――そういう意味では、いかに技術開発のあとのビジネス化の方向性を考えるところが大切かということですよね。大きな方向性が決まれば、ビジネスモデルもクリアになってきそうですね。

寺町　はい。最初にこれからは世の中ＩｏＴ化していくんだというビジョンが根底にあって、そうすると、製造装置そのものがデータ発生源になれば、我々がやってきたコンポーネントビジネス（部品ビジネス）のあり方も変えていかないといけない。だったらビジネスを部品製造とIoTサービスに分けようというところまで行きつきました。

「OMNIedge」事業のスタートはLMガイドの部品予兆検知でしたが、そのほかにも機械のロスや作業のロスを検知し効率化につなげられるアプリも開発していくという流れになりました。また、ここで得た情報を、マシンユーザー様、マシンビルダー様に還元することで新しい製品を作って提供していくということができれば、新たな世界が広がります。こうして整理がどんどんついてきているという感じです。

自分たちが生き残るビジネスモデルとは

――ビジョンがあって、それを実現するためにビジネスモデルをどうしたらいいかっていうことをそこで考えられたのですね。

寺町　はい。

――それが本来あるべき姿ですよね。

寺町　たぶんここまで振り切れたのは、ビジョンがあってのことだと思います。

――振り切れたことで、会社が目指す方向性もクリアに見えてきたのではないでしょうか。

寺町　ええ。二〇一七年ぐらいに「Software eats Hardware, Data eats Software」という言葉を、あるドイツのメーカーに言われました。そこで、逆に「Hardware changes Data」ということもあると気づきました。

そもそもハードウェアがないとデータは取れないし、ハードウェアが変わったらデータも変わる。おそらく世の中はそうやってグルグル回っていくんだろうなと考えたのです。そこでいままでの自分たちのアセットと今後の投資を考えた際、ハードウェアメーカーだからハードウェアだけやっておけばいいというわけじゃないし、今は時代的にデータに力を入れて投資していかないといけないタイミングだろうけれど、いずれハードウェアがまた進化するところに力を入れるということが起きるんだろうと考えています。これを前提にいろいろ今考えて動いているところです。

実際、ＡＩもアルゴリズムから、今はチップの性能の闘いで、ハードウェアに戻ってきています。

――IoT化、デジタル化が進むと、THKさんのようなメーカーは、全体のプラットフォームの中に組み込まれてしまって、最終的にはプロバイダ的な役割にどんどんと縮小均衡してしまうんじゃないかという仮説もあったんですが、今日のお話を聞いていると、マシンビルダー相手からマシンユーザー相手まで、新しくビジネスの領域の可能性が広がっているのですね。

寺町　最初は結構悲観していたんです。マシンビルダー様に多くの製品を納めているため、世の中どんどんプラットフォーム化、デジタル化されていくなかで、部品メーカーはいったいどうなってしまうのかと思っていたんです。

でも結局、顧客をどう定義するかというところに立ち返ると、自分たちの持っているアセットで、形を変えて違うビジネスができるということがわかりました。

我々のＬＭガイド自体は、今でも装置を作られているマシンビルダー様に売るビジネスが土台です。それは今後も変わらないと思います。

だけど、我々が培ってきた知識は、ＩｏＴを通すとお客様を変えられることがわかった。自分たちのアセットをもう一回見直したり、ビジョンを膨らませてビジネスとして落とし込もうとしたときに、いろいろな発想が出てきました。知識というものは共通化できて、サイクルとして回せるんだということがわかってきたこと、そして顧客を定義するということはすごく大事だというのを、我々も勉強したところです。

やっぱりエコシステムの中に入《はい》れているかどうかによって、ただ言われたものだけを作るプロバイダになってしまうのか、それともイノベーターとしてあり続けられるのかが、変わっていくのだろうという気がします。

日本で遅れているデータ流通の仕組みづくり

寺町　最近危機感を持っているのは、日本ではデータをどう流通させるかという議論がなかなか進んでいないことです。

例えば今、センシングデータを、ドイツの企業などと共同でどのように扱うかという話をしているんですが、その際、その会社からはヨーロッパのデータ流通規格に則ってソフトを作ってほしい、といった話が出てくるわけです。ヨーロッパでは、GAIA-Xというデータ流通のエコシステムをガッチリ作り上げて、強くなろうとしているわけです。

――日本では企業の壁を越えたアクションが取れていない感じがします。

寺町 ヨーロッパでは業界を越えて規格自体はもう出来上がっている、と聞くと危機感を感じます。

――ほんとにそうですね。

ユーザーのすべての困りごとに対応する

――「OMNIedge」では、予兆保全的なサービス以外ではどのようなサービスを進めようとしているんでしょうか。

寺町 ベンチャー様とも協業しながら、いろいろなアプリの開発を同時並行で進めているところです。例えば工作機械の先端の刃物《はもの》も使っていくうちに摩耗していくので、データをしっかり貯めて閾値《しきいち》はどこなのかを出すアプリを開発しました。今までもメーカー推奨値というのはあるんですが、場合によっては、もっと高速で回転させて、切り込み量も上げたほうが製作時間も短くなるし、刃物が劣化しづらいといった経験知もあるので、そういった実際のデータも見られるようになると思います。

——刃物は、もともとＴＨＫさんで開発されている製品ではないですよね？

寺町　そうです。部品予兆検知についても、我々が開発している部品以外にも他社製の部品は存在しますし、当然それも突然壊れるとお客様は困るわけで、それらにも対応したアプリであるべきだと思います。

——つまり、ＴＨＫさんの製品だけではなく、ユーザーが抱えるあらゆる困りごとに対応しようとする考えですね？

寺町　ええ、ですから、ＩＯＴイノベーション本部を作り、産業機器からも離しましたし、お客様はまずマシンユーザー様と考えています。今までコンポーネントはマシンビルダー様が中心のビジネスですから、ある意味振り切ったわけです。

——そのＩＯＴイノベーション本部の仕事は、ＴＨＫさんの部品を使うことは問われないというわけですね。

寺町　はい、その通りです。

――それはすごい。自分たちの強みだけに固執するというのは、日本の製造業に多いのですが、強みは大切にしながらも、常に顧客目線で、お客さんが困っていることっていうところに常に軸足を置いている。

寺町　いずれにしてもやはりレトロフィットの考え方が大きかった。新しい設備とか、大々的なラインを全部我々が受けてやりますとか、そういうことではなく、レトロフィット、既存のラインと既存機にアタッチメントしてもらえれば生産性が上がります、というところを目指してやっています。

でも、結局それをやると、だんだんラインビルダー様も「使いたい。標準で実装したい」となってくると思いますので、いずれは新しいラインにも搭載されて、世の中にどんどん広がっていくと思っています。

――ＩｏＴを使ったビジネスというのはすぐには儲からないところがあって、そうすると近視眼的な会社であると、利益が出ないからすぐやめるといった話も結構あるんですが、ＴＨＫさんの場合は、すでに黒字なのか、それとも、今はまだ利益は出していないけれど、将来への投資ということで考え

られているのかどちらでしょうか。

寺町　基本は後者です。実際には個々ではプラスになっていますが、研究開発コストや販管費といったものを含めると、横展開が始まったばかりでもあるので、まだまだ投資という部分が大きい。

――元会社員の感覚でいうと、センサーを付けたサービスをサブスクリプションでやった場合、月に一〇万～二〇万円だったらチーム、一〇〇万円以内だったら部のレベルで決裁できるので、顧客側も導入を決めやすいのでしょうか。

寺町　それはあると思います。それくらいの額だったら、二年分まとめて払うよと言ってくださる会社も多い。そういう意味では出足から思ったよりもうまくいっていると思っています。

サプライチェーンからエコシステムへ

――最初にマシンユーザーさんに営業をかけたときに、「なんでＴＨＫさんがうちに来るんですか」

っていう声は、結構ありましたか。

寺町　ありました。最初はアポイント先のセクションもわからない。例えば同じ会社でも我々のコンポーネントのビジネスでいくとカウンターパートナーじゃなかったけれど、「ＯＭＮＩｅｄｇｅ」になったら、その部署がカウンターパートナーになるというケースも、なかにはありました。

また、食品関係など、全然接点がなかった業界には、展示会やプロモーションで接点を持ちました。そこで成功事例を一つ作ったら、ほかの食品メーカー様の代表電話にかけたりして、徐々に開拓をしていきました。

――もともとマシンビルダーさんというのは、マシンを作るところまではするけれども、それが客先のメーカーさんに納入されて、使うフェーズになったら、そこからのメンテナンスは客先のほうであるケースが多かったのでしょうか。

寺町　ケースバイケースです。ただ問題は、マシンビルダー様からすると、ＴＨＫの部品は壊れないって言うんですけど、例えば自動車部品の加工をやっているメーカー様とかは、工作機械メーカー様が推奨するような動かし方だけじゃなくて、極限まで生産性を高めた使い方をされたりするので、工作機械メーカー様の耐久試験とは実環境がまた異なってきている気がします。そうした場合、今までは早期に壊れても、「こういうもんだ」と受け入れられて、部品交換していたところも結構いらっしゃいました。

——その方々は、ＴＨＫさんの交換用の部品の注文は、直接ＴＨＫさんにされていたのですか。

寺町　工作機械メーカー様から購入するルートが一般的です。さらに我々も間に代理店様や商社様が入るので、従来のビジネスモデルでは、マシンユーザー様の声はなかなか直接入ってきませんでした。

——今まではセパレートされていたシステムを、エコシステムにされたということですよね。

寺町　そうですね。今までは言葉通りサプライチェーンというチェーンだったのが、エコシステムになった（次ページ図2参照）。

——チェーンからエコシステムに。

寺町　はい。今後日本でも、データ流通構造がもっと標準化されていくと、我々に限らず部品メーカーも単なるプロバイダじゃなくて、どんどんつながって面白くなっていくと思うんですよ。

日本の部品メーカーが今でも強いのは、基礎研究にすごく投資して、厳しいお客様からフィードバックをもらいながらやってきたからだと思います。そのものすごいアセットを生かす機会が、今のサプライチェーンでは限界がありますから。

――すごくわかります。お話を聞いていて思ったのが、ＩｏＴはモノとモノをつなげるという意味ですが、それだけじゃなくて、企業と企業をつなげる、つながるチャンスが増えてきているのがＩｏＴ時代なんだと思いました。そのつながるところにこそ新たなビジネスチャンスがあるということをすごく感じます。でも欧米に比べ、日本ではまだ標準化など

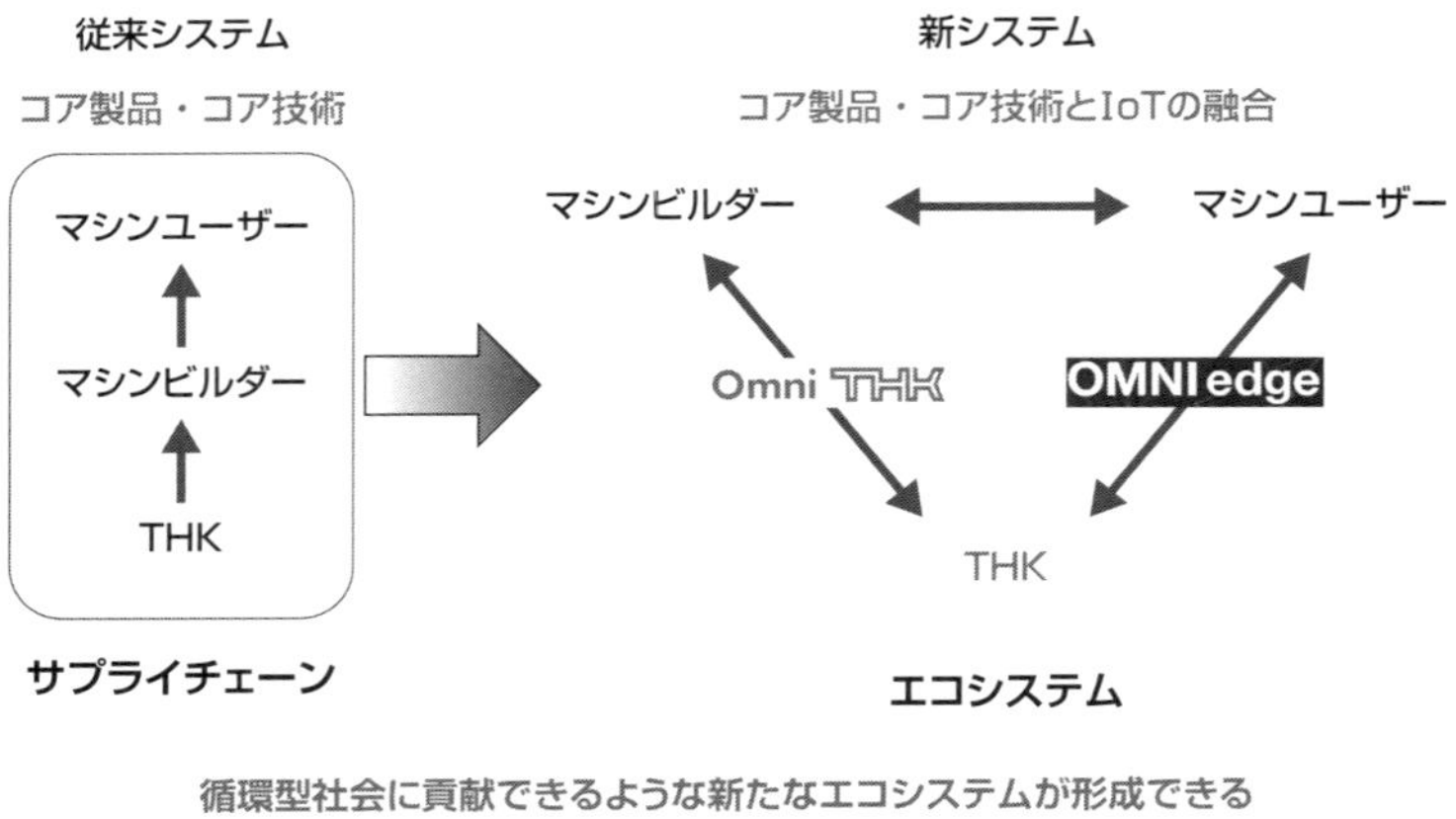

図２　サプライチェーンからエコシステムへ

のつながる整備が進まない。

寺町　だからこそ、我々のやり方を一つのモデルにしてもらえたら嬉しいですし、自分たちがプラットフォームになるつもりはないですけれど、同じようなコンセプトにしておけば、最終的にはみんな情報を流通させることができるようになるのかなと思っています。

お題目だけではない経営理念

——プラットフォームになるつもりはないっていうふうにおっしゃるところも、すごく感じるところがあります。

自分たちだけがよかったらいいということではなく、社会がよくなるにはどうしたらいいかという文脈の中で自社が何をすべきかっていうことを考えられているから、そういうご発言になるのかなと思いました。

寺町　そうしたことをご評価いただけるのも、創業時からある「豊かな社会作りに貢献する」という経営理念があるからだと思います。

――経営理念として、「世にない新しいものを提案し、世に新しい風を吹き込み、豊かな社会作りに貢献する」ということを掲げられていますね。ほかの企業でも、こうした理念を掲げているところはあるんですが、たいていの企業の社員は、理念は言葉としては理解しているものの、心に響いているかというと、そこまでは行っていなくて、結局お題目だけになっているというところが多い。それがＴＨＫさんの場合、みなさんがこの言葉を、単に言葉の額面通りだけじゃなくて、ちゃんと行動につながるところまで行っているというのが、なぜだろうと思いますね。

寺町　なぜでしょう。私は経営層に近いので感覚が違うかもしれませんが、実際に社内ではよくこの言葉は使いますよね。

男性社員　私も入社したときから普通にずっと使っていますけど、単純に「豊かな社会作りに貢献する」というフレーズについて、実際どういう感じで貢献してるのかなって、入社したときとかでも考えたりしましたからね。そういうのは重要なんじゃないですかね。

意外とみんな、この言葉は好きなんじゃないかと思います。

――好きというのがすごいですよね。何か会社のほうで、こういった言葉が、単に言葉に終わらず

に、ちゃんと行動につながるような、そういった企業文化を維持するために工夫している仕掛けとかがあるわけではないんですか。

男性社員　私が思うのは、意味や背景、なぜこの言葉ができたのかといった話を聞く機会が多いなということです。

――それは経営者からですか。

男性社員　経営者もそうですし、研修とかいろいろな場で聞く機会があります。THKの社名の由来から始まってストーリーを聞く機会が多いと思います。

――人で言うところの生き様みたいなことをちゃんと説明してくれるわけですね。単に言葉として経営理念を言われるだけじゃなくて、なぜその理念が大切なのかということも含めて説明してくれる。

男性社員　そうですね。ですから納得感がある。

寺町　そこはシンプルですよね、みんな一つの判断基準として使っていると思います。「いや、これ、世にない新しいものです」といった感じで。

――そういう意味では、この言葉は、抽象的な言葉に見えながらも、悩んだとき、岐路に立ったときにどっちへ行けばいいかっていうことを後押ししてくれる、明確なビジョンにもなっているということなんですね。

寺町　そうだと思います。

社内をプロジェクトで巻き込む

寺町　以前読んだ『一流ビジネススクールで教えるデジタル・シフト戦略』（ダイヤモンド社）で、単にデジタルツールを導入するだけでなく、ガバナンスも大切ということを学んだので、我々も、これからはガバナンスも必要だと考え、二〇一九年からＤＸプロジェクトというのをスタートさせました。そこではＵＸ（ユーザー・エクスペリエンス）の差別化と、社内の定型業務を自動化することをＴＨＫのＤＸ目標と定義してやっています。

――お客さんと深くつながることと、効率化ということですか。

寺町　はい、それを両方とも実現しようと考えたんです。プロジェクトとしては、ＵＸでは「Ｏｍｎｉ ＴＨＫ」の推進を全社的な取り組みにしたり、社内の効率化では自動受注化や生産計画ソフト導入をやり始めました。

――そのプロジェクトというのは社内横断的なものを立ち上げたんですか。

寺町　ええ、いろいろな部門のメンバーが様々なプロジェクトに参加しながらまず絵を描いて実行してみる。プロジェクト自体は三年でやめて、今は各部門に落とし込みながら、実行しています。開発と改善を繰り返しながら進んでいる状況です。

――ＴＨＫさんのＤＸ部門はどんな役割を果たしているんですか。

寺町　二〇二〇年に作りましたが、事務局という扱いですね。

――私はそれがあるべき姿だと以前から思っています。当事者はＤＸ部門ではなくて、実際にビジネ

スをやっている事業部門メンバーであるべきだと思います。なおかつＴＨＫさんの場合、事業部門ごとにしているのではなく、ＤＸの種類ごとにプロジェクトを組んで、それぞれのプロジェクトに関連する事業部門メンバーを集めてやっている。

寺町　そうですね。

――多くの企業では、ＤＸ部門は上から「やれ」と言われてやるんだけど、事業部門が抵抗勢力になることも多い。そうではなく事業部門が「やる」当事者になるべきでしょう。ＴＨＫさんの場合、ＤＸ部門はどのような活動をされているのでしょうか。

寺町　ＤＸ部門の長は私がやっています。ＤＸ部門メンバーも各プロジェクトとの兼務が結構いて、月一の全体会議などを通じて情報を吸い上げて判断をしています。

社内変革という意味で意識しているのは、「技術革新」「文化的安心」「制度的安心」という三要素で、デジタルツールがあったらそれだけで会社が変わるかというと、もちろんそんなことはありません。ですから制度とか文化を意識して、コミュニティの形成や、研修というところに力を入れてやっています。

――三要素のうちの「制度的安心」というのは、どういう意味合いのことを言われているのですか。

寺町　社内制度のことです。例えば、いわゆるリスキリングの研修もなかったので、データ活用研修を作りました。

――今の技術革新についていけるような制度を作っていくということですね。では「文化的安心」というのは、どういうものなんですか。

寺町　例えばいいデジタルツールがあっても、会社に持っていっただけでは広まりません。そこを打破するためにDXプロジェクトを立ち上げたりしたんですが、ほかにも社内セミナーを開いて、「あ、僕ら変わらなきゃいけないんだ」と感じてもらったり、自ら考えてもらうということも大事だと思います。

二〇一五年くらいから、RPAやBIツールといったものは社内に存在したんですが、一向に使われていなかったです。やっぱり事業部門が本気になってやらない限りは、そういうツールは使われませんね。

――本当にそうですね。情報システム部門とかDX部門が横から「使え、使え」って言っても変わら

ないんです。

寺町　そう思います。生産部門の現場でＢＩツールを使って全体のボトルネック工程を分析するということをやり始めてから、現場で使う人が増えていった。

そこで実際に使い始めてわかったのが、ＳＱＬ（データベース操作用の標準言語）を叩くのが大変だっていうことで、そこから標準データベースを作っていろいろな基幹システム、データをデータウェアハウスに貯めるというところまできて、ここから加速しました。

研修は管理職から

――研修もかなりきめ細かくやっているんですか。

寺町　はい。最初は管理職向け研修から始めました。

――それはいいですね。

寺町　管理職がＢＩツールを実務の段階で触ることはほとんどないと思うんですが、理解をしていないと、せっかく部下がやったことを邪魔したり、抵抗勢力に回られると嫌だったので、まず管理職からというのは意識しました。

――多くの企業ではこれをしないので、ミドルが抵抗になることが多いと思います。

寺町　二〇一九年から始めて、徐々に初級、中級、上級とどんどん広がっていって、いろいろ重複するところは整理しながら、今は中級ぐらいからPythonをしっかりベースに、統計学的なものや、機械学習を勉強させようっていうところまで来ています。

　これが一通り揃ったところでさらにこれからのことを考えて、二〇二二年新卒社員から、入社五年目までに中級研修までの受講完了をマストにしました。

――先ほど言われていた文化醸成の部分ですね。

男性社員　ちゃんと進んでいるのは、各現場で着実に成果が出てきたというのも大きいと思っています。実際に工程の効率が上がったとか、バックオフィスがＲＰＡでこれだけ作業が削減されたといった実例が増えてきて、さらに、そういった実例やテクニックをTeamsの「ＢＩツールユーザー会チャンネル」などで部門を越えて共有しています。

データサイエンティストを雇うより全体の底上げ

――ちなみに、THKさんは、データサイエンティストを外部から中途採用されたりしていないんですか。

寺町　まだしていません。

――そうすると、もともといらっしゃる社員の方がデータサイエンスを勉強されているということですか。

寺町　はい。「データ活用のやり方というのもいくつかあると思うんです。専門部隊を作って、そこに外から人を採ってきて、情報を集中させてアウトプットを出していく方法もあるでしょう。ただ、我々の場合は、それよりは全体を底上げしたいというところから全部の設計が始まっているのでそのようになりませんでした。

――製造業の人の話を聞いていると、もともとデータ活用の分野に関心のある人がいて、それなりに能力もある人が多い。そうした人の自発性をうまく活用されて、人材育成されているっていう感じがします。

寺町　ＴＨＫでもデータサイエンスコンペティションを社内で開いてそういう人材を発掘して、異動させたりといったことはあります。そういう意味でＤＸ部門の仕事の一つとして社内の人材発掘というのはありますね。

――日本人は勤勉だし、好奇心もあるんで、あえて人を外から採ってこなくても、会社の中にいらっしゃるっていうのは、どの会社にもありそうですね。

本質を衝くトップの言葉

――だいたいこういう話を聞くと、派手な話とか結構されることが多いんですけど、ほんとにシンプルです、言葉通りのことをやっているだけですって、そんな感じが素晴らしい。言葉が浮遊していな

いですね。

寺町　そういう意味でいうと、さっきおっしゃっていただきましたけど、トップにこういうことを言われちゃったら、もうみんなだれもぐうの音も出ない。やるしかないというのはあったと思います。

――今回は経営者の言葉の力ということを感じました。たしかに既存機をIoT化しないと世の中がIoT化するまで途方もない時間がかかる。

寺町　でも、本当にこの一言がスタートで、今の「OMNIedge」があるんですよね。

――もう一つの「OmniTHK」のほうは、経営者のほうからの一言で何か変わったとかっていうものはありますか。

寺町　「OmniTHK」における一気通貫というコンセプトはそうです。先ほど説明しましたけれど、基幹システム同士をつなげる。

――一気通貫というのが一つのトップからのメッセージだったんですね。

寺町　そうですね。人間が介在する部分があると、結局そこが関所になって時間がかかる。例えば受発注でいえば、オーダーが入って工場までデータを転送する際、部品の形状、サイズ、表面処理といったものがすべてまちまちなので、それをバイナリーのデータに落とし込むというのがとても難しいんですよ。

おそらく、これが日本の製造業のデジタル化にとって大きな阻害要因になっている部分だと思います。

いかに製品をユニークな型番として表せるかというのがなかなか難しくて、結局そこは図面を見て人間が確認をしている。でもじつは個々に商品コードは取っていて、必ず図面にもそのコードは付けられている。だから見積もりの段階で決めて、お客様の発注段階ではそれを入れてもらうことで工場まで全部つながるっていう仕組みにしたんです。

我々には、一顧客一仕様という考え方があり、それを実現するための社内システムにはなっているのですが、人を介在せずにオーダーを流すためには、ユニークなコードを入り口から入れてもらうのがポイントだったということです。ほんとにそれがベストなのかっていうのは、また議論はあるんですけれど。

——そうすると、山ほどの数のコードができるということですか。

寺町　はい。

——それだけの数のものに一つ一つ対応しているわけですね。

寺町　はい。今まではオーダーが入ってから、過去のコードと同じものかどうかをチェックしたりとか、お客様が指定してきているものが、ほんとにお客様の言っているものと同じコードになっているかとか、担当者が翻訳をして工場に注文をしていたので、結局、一気通貫に行かなかった。そこで、コードを入り口から一致させたんです。また、長さやブロックのサイズといったものは、必ず物理的なパラメータで表せるので、それをお客様が選定をすると図面ができあがるし、見積もりもできあがるとか、納期がいつかって算出もしてくれて、コードも紐付けられるようにする。一気通貫からここまでの絵がいちおう描けたかなと思っています。

——なるほど。トップが一気通貫でやれと言ったところから始まった。それこそが本質だということですね。

寺町　発注システムと受注システムを、今のＥＤＩでやろうとすると、往々にして注文を受ける側はマニュアル作業が残るんですよ。例えばこちらはＳＡＰ、先方はＯｒａｃｌｅとそれぞれ違うマスターを持っていたりします。そうなるとお客様から、「これからは紙やファックスではなくて、ＥＤＩデータで注文を飛ばします。だから、このウェブサイトに入って注文をダウンロードしてください」と来ても、受ける側は、それを自分たちの基幹システムのほうに受注データとして入れる際、人が介在する必要が出てきます。

――そこを一気通貫でデータ化しなさいと言われたわけですね。

寺町　そこで、お客様の基幹システムをコード化できる仕組みとつなげば、その先は工場まで人間が介在することなく流せるようになる。

――そこにこそ、ＤＸだからこその効率化とか利益の源泉がある。

寺町　はい。

――まさに明確なビジョンを持ち、それを言語化する経営者の力。

寺町　シンプルな言語化なんですけど、実際にやるのはむちゃくちゃハードルが高い。そして、そこを埋めていくのが我々の仕事ということで進んできたというところがあります。

（二〇二三年一〇月一六日）

寺町崇史（てらまち　たかし）
取締役専務執行役員産業機器統括本部長（インタビュー時）。大手商社を経て2013年THK入社。IMT事業部長などを経て、20年3月より取締役専務執行役員。24年1月に代表取締役社長COO兼産業機器統括本部長就任。

▼インタビューを終えて

なぜ、ＴＨＫはＩｏＴサービスで成功できたのでしょうか。その鍵は、社長から「レトロフィット（既存機のＩｏＴ化）で行け」という明確な方向性が出されたことにありました。それにより、社員は、迷いなくそれを実現するための方法を考えて行動する。もし社長の言葉が「これからはＩｏＴサービスだ」では方向性は定まらず、新製品をＩｏＴ化するという安易な方向に進んでしまったかもしれません。仮に、ＩｏＴ担当者が既存機をＩｏＴ化する方向に進めようとしても、社内で抵抗にあってうまくいかなかったでしょう。ただ社長が方向性を決める言葉を述べるだけでは、社員はついてこないでしょう。寺町さん曰く、「信頼されて思考明晰な人」の言葉だからついてきたのです。同時に、社長も、方向性を示せば社員は実現してくれると信頼しているのでしょう。経営者と社員の相互的な信頼関係、これは、長期にわたりトップが変わらないオーナー企業の強みかもしれません。

ＴＨＫは、このＩｏＴサービスでマシンユーザーと直接つながるようになり、一方でマシンビルダーとはウェブサービスを通してつながりを強化しました。それにより、以前のサプライチェーンという関係は、三者間で情報を共有して強みを生かし合うエコシステムへと進化したのです。そして、ＴＨＫのビジネスモデルも、従来のサプライヤーから、製造業のものづくりを支援するサービス業へと舵を切ったのです。ＩｏＴは、モノとモノをつなげるだけでなく、企業と企業もつなげてお互いの強みを発揮できる。ここにこそ、ＩｏＴ時代のビジネスチャンスがあります。ＴＨＫの取り組みは、その模範的な成功型として、日本の製造業の見本になると思いました。

また、インタビューを通して、社名に込められた意味や経営理念を繰り返し語られたことが印象的でした。IoTサービスを成功に導いてきた判断は、いずれも経営理念に沿ったものでした。デジタル革新という経営環境の変化のなかでも、先代の経営者が作られた経営理念が羅針盤として会社を導く。そのような色褪せない経営理念に全社員が共感しているところにも、THKの強さを感じました。

シップデータセンター

――会社の壁を越えて業界でデータを共有利用する

株式会社シップデータセンターは、一般財団法人日本海事協会の一〇〇%出資の子会社です。船舶に関わるビッグデータ基盤を提供し、十分なセキュリティ確保の下、運航データを収集、蓄積し、データを提供することを目的に設立されました。すでに、日本郵船や商船三井、川崎汽船が船舶の運航データをシップデータセンターのデータ基盤に登録しているとのことです。

私にとって、シップデータセンターの取り組みは、実現不可能に思えるものでした。企業内でも組織間の壁でデータ共有が進まないのに、異なる企業間でデータ共有なんて進むはずがない、と思うからです。それなのに、なぜ、シップデータセンターは壁を越えてデータ共有を推進できているのだろうか。そこには、強力な推進者がいるのではないだろうか。その推進方法を明らかにできれば、組織間や企業間の壁を越える取り組みを成功させる参考になるのではないだろうか。そういった期待を持ち、シップデータセンターで事業推進部長を務める森谷明さんに話を聞きに行きました。

「箱」から生まれたInternet of Ships Open Platform

――まず最初に、ＩｏＳ－ＯＰとはどんな仕組みなのか、そもそもＩｏＳ－ＯＰという言葉をどういう定義で使っているのか、などについて教えていただけないでしょうか。

森谷　ＩｏＳ－ＯＰはInternet of Ships Open Platformという造語の略です。モノのインターネットがＩｏＴなら、私たちは船のインターネット。ＩｏＴを模したわけです。ＩｏＳ－ＯＰを最初に発案されたのは、データを活用したイノベーションを推進されていた海運会社の幹部の方（以下、キーパーソンと呼ぶ）でした。

――シップデータセンター設立を最初に言い出したのもそのキーパーソンとお聞きしています。

森谷　その通りです。シップデータセンターは、ＮＫの略称又はClassNKの通称で知られる一般財団法人日本海事協会の一〇〇％出資子会社として二〇一五年一二月に設立されました。日本海事協会もシップデータセンターも完全に独立した第三者機関です。そのキーパーソンの方は公平性が重要との思いからシップデータセンター設立を提案されたのだと思います。

——そのような提案をされたキーパーソンの心中をご存じでしょうか。

森谷　当時すでにグーグルやアマゾンなどはデータを取得した取り組みを推進しており、そのキーパーソンの方は海事産業にもその波が到来すると考えていました。例えば、グーグルなどが資金力や技術力を生かして、データプラットフォーマーとして、船会社が所有している船のランキングとか、動かし方の良し悪しを評価するなどのサービスを持って攻め込んでくるかもしれない。そんなことになると、自分たちがコントロールできないような状況になる。そうした可能性を危惧し、ならば、海事産業主導で自らがルールを作るという取り組みをやろうじゃないかと思われたのが背景にあると思います。

——そのキーパーソンはその後どのような動きをしたのでしょうか。

森谷　海事業界における第三者機関として実績のある日本海事協会の経営陣に相談されました。その結果二〇一五年一二月に、海事業界におけるデータ活用、データ流通等をサポートできる組織として、シップデータセンターが設立されることになりました。

――森谷さんが今所属しているシップデータセンターという会社を作った。つまり箱を作ったということですね。日本企業によくある「箱だけ作った」状態にならなかったのでしょうか。

森谷　最初はまさに箱だけ作って何も起こらなかったのです。「これからは海事業界においても、データ駆動型で、ＩＴ及びデジタル技術を活用した取り組みが必要」ということは明確でしたが、当時はそこに具体的な戦略性がなく、とにかく危機感から急いで箱を作ったというのが実情でした。現に二〇一五年から一七年までは進むべき方向性を模索する状態が続きました。

動き始めるＩｏＳ－ＯＰ

――そのシップデータセンターという箱はどのように動き始めたのでしょうか。

森谷　ここでもシップデータセンター設立を発案されたキーパーソンの協力が大きく貢献しました。具体的には、人的なサポートをしていただき、具現化が一気に進みました。

――人的ということは、シップデータセンターに優秀な人を送り込んだということでしょうか。

森谷　日本海事協会は中立的な第三者機関であり、当時はもっぱら国際条約や船級規則等の義務的要件に基づく船級サービスの提供に力を入れており、一般企業のようなビジネス展開に力を入れていませんでした。換言すると、シップデータセンターの立ち上げを検討していた当時のメンバーは技術畑の人が多く、ビジネスモデルを描くような立場の業界関係者との人脈が少なかった。そのため、ビジネスとして立ち上げるためのスキルを持つ方、つまり、海運会社のビジネスの最前線で活躍していた方にご支援、ご協力をいただいたのです。

――このとき、森谷さんはどこにおられたのでしょうか。

森谷　日本海事協会に在籍していて、業界貢献を目的にした研究開発推進室にいました。じつは、二〇一三年に日本ＩＢＭ株式会社の営業から日本海事協会に転職しましたが、日本ＩＢＭ時代から海運会社とはお付き合いがありました。

――森谷さんがシップデータセンターに入られたのはいつでしょうか。

森谷　二〇一七年に日本海事協会からの出向という形でシップデータセンターに入りました。このときから、海運会社から出向されてきたビジネスに明るい方との二人三脚です。その方はビジネスデザインが得意で、まず何をやったかというと、この業界で中核となるプレーヤーに声をかけ、船の上でデータを集めるような計装機器が得意な事業者や船舶の運航を管理するアプリケーションを作る事業者など五社を集めてきたのです。一七年四月ごろからこの五社と毎月、隔週でミーティングを行いました。

――その五社とのミーティングではどのような議論が行われたのですか。

森谷　「ビジネスモデルが大事だ、ルールが大事だ、ここで作ったルールは誰かのためだけにあるのではなく、公平、公正な建付けが必要だ」などと議論していました。このメンバーに弁護士なども招き入れて、ルールの骨格が作られていきました。こうしてようやく動き出しました。

クローズドからオープンへ

――この時点ではまだ内々のミーティングということであったと思うのですが、どうやってオープンに持って行ったのでしょうか。

森谷　検討会を五社でやりながら、同時並行的に「業界の中でデータプラットフォームが必要だ、そのためにはさらなるルールづくりが必要だ、ビジネスモデルをみんなで考えないといけない」。このようなことを議論し、合意を得る場を提供したのです。これが「ＩｏＳオープンプラットフォーム推進協議会」です。この協議会は二〇一七年九月に設立、四七社五五組織が参画し、データ利活用ユースケース、データ共有ルール、新たなビジネスモデル、今後の活動方針などを協議しました。

――設立にいたる苦労はどんなものでしたか。

森谷　日本には世界有数の海運会社があります。日本郵船、商船三井、川崎汽船の三社は邦船三社といわれるほど国際海運におけるマーケットシェアは大きいのです。この邦船三社が一堂に集まるためには、中立的な運営が求められます。この推進協議会の実質的な運営は私がやっていたのですが、設立二ヵ月前に開催した「ＩｏＳ（船舶のＩｏＴ）オープンプラットフォームに関するフォーラム」のフォーラムチェアマンとして東京大学名誉教授で国立研究開発法人海上・港湾・航空技術研究所（うみそら研）理事長の大和裕幸氏（現・国立研究開発法人海洋研究開発機構理事長）をお招きしました。

――第一歩としては邦船三社がこのコンソーシアムに参加するハードルを下げるような体制を作る。さらに大和先生という船舶のアカデミア側のトップだった人物をお招きすることで業界全体に中立性を示した、ということですね。

森谷　じつはもうひとつハードルがありました。それは船舶を開発、建造する造船所をいかに巻き込むかです。

――基本的なことを教えてください。海事産業は、日本郵船、商船三井、川崎汽船などの海運会社、それに造船所もある。ほかにもあるのでしょうか。

森谷　舶用機器メーカーもあります。船のエンジンやＧＰＳなどの部品を作っている会社がたくさんあります。私たちは舶用機器メーカーのことを舶用工業と呼んでいます。それに船の検査を中立的に行い、船舶の運航に必要な各種証明書を発行する国際船級協会があり、その一つが日本海事協会ということです。

——造船所と舶用機器メーカーについて、もう少し詳しく教えてください。

森谷　造船所と舶用機器メーカーのビジネスモデルは異なります。造船所は従来、オーダーを受けて、設計・建造し、船主に船舶を引き渡して、一旦、ビジネスは完了です。もちろん、通常一年の保証期間がありますが、メンテナンスはお客さんにお任せという世界です。一方、舶用機器メーカーは機器を売るだけではなく、どちらかと言えばアフター・サービスが重要です。保守に必要な部品、壊れた部品の交換部品を届けるなどのビジネスモデルで成り立っています。

——造船所は何を気にするのでしょうか。

森谷　造船所がいちばん気にするのが船の性能です。いままでの船の売り方というのは、ほとんど波がない状態の中で船を走らせて、契約条件のスピードが出るかどうかなどを確認し、ＯＫであれば引き渡しという売り方をしてきました。しかし、私たちのＩｏＳ－ＯＰの取り組みでは、海運会社が燃費削減を念頭に、自分たちの費用で船の上にモニタリング装置を搭載して、実際に風や波や潮の流れの影響を受けている中で船がどんな状態で走っているのかをモニタリングしています。

——いままでは波がない状態で性能を測っていたわけですよね。平水中の性能はいいけど、荒れた海だとどうなるのかということですね。

森谷　そうです。主要な造船所には海運会社の幹部からお声をかけていただいたのですが、反対の声があがりました。実際の使われ方による性能の良し悪しなどという新たな評価軸が出てきたら、新たな保証を求められるなどの経営リスクにつながりかねないと考えたのです。オープンプラットフォームの話をすると、我々の意図がうまく伝わらず、「シップデータセンターは日本の造船所からのデータを韓国や中国に売り渡すつもりか」などという声もあがったほどです。

——海運会社の燃費削減のお話がありましたが、燃費削減の取り組みは以前からあったのでしょうか。

森谷　海運会社のコストの最も大きな割合を占めるのが燃料費です。このため、大手の海運会社での燃費削減の取り組みは、二〇一〇年か一一年ごろから始まっていたと聞いています。取り組みを始めた頃は海運会社内でも抵抗が激しく、特に船長たちは「そんなものはやらなくてもいい、俺たちに任せろ」と言ってきたそうです。

――それはまさに日本企業によくある「勘と経験」というやつですね。

森谷　まさしくそうです。そんな船長たち相手に「確かに船長さん、あなたの言うことが正しかった。このデータから分析しても、あなたの運航は素晴らしい」といったアプローチを取りながら、燃費削減の取り組みを進められたと聞いています。

――造船所からの抵抗はあったものの、海運会社の幹部の方の見通しとしては、業界全体のことを考えれば、データを共有することは正しいと考えていたのでしょうか。

森谷　日本の海事産業の特殊な事情もあります。足元を見ると中小規模の会社の数がかなり多いです。このため「『疎結合』で固まらないとこの先は世界と戦えない」という意見もあります。疎結合で固まる際に重要なことがデータの標準化であり、データプラットフォームです。「皆が参加できる場を作ろう」と言いながら、いままで進んできています。

――疎結合というのはどういうことなのでしょうか。

森谷　中国地方、四国地方の瀬戸内海沿岸に、造船所と船用機器メーカーがたくさんあります。従来からその中でゆるやかなサプライチェーンがつながっています。疎結合とはこうしたゆるやかなサプライチェーンのことです。

――日本の海事産業は疎結合。では世界に目を向けるとどのようになっているのでしょうか。

森谷　海事産業の中心の一つであるヨーロッパでは垂直統合になっています。ノルウェー・オスロに本部を置くDNVという国際船級協会が世界一のシェアを有しています。DNV等の欧州のアプローチは囲い込みビジネスモデル。例えば、船のエンジンもMAN《マン》というフォルクスワーゲンのグループ会社がメーカー兼ライセンサーという形で世界進出し、そのライセンスを与えている会社が国ごとにあります。日本では三井E&S等に、韓国では現代《ヒュンダイ》重工業グループにライセンスを与えてOEMで造らせています。MANの船の二サイクルディーゼルエンジンは世界の八五%を占めていて、今やデファクトスタンダードになっています。アジアでは韓国も垂直統合です。韓国造船最大手の現代重工業グループが機器も造って、プロペラも造って、船も造っています。

――ヨーロッパも韓国も垂直統合で日本は疎結合。冒頭のキーパーソンの方は「データの時代にはこのままで行くと日本は負ける。なんとかしなくては」との危機意識をお持ちだったということでしょうね。

先ほどの話に戻りますが、「IoSオープンプラットフォーム推進協議会」を二〇一七年九月に設立された。国との連携もこのあたりから始まったのですか。

森谷　国土交通省だけでなく、経産省など、様々な方たちにいろいろな知恵をもらいにいきました。私たちのデータ共有を進める取り組みは、経産省から見ても先行していたのですが、経産省がコネクテッドインダストリーズ（Connected Industries）というイニシアティブを立ち上げた直後でした。

――コネクテッドインダストリーズは二〇一七年三月に経産省が提唱したもので、データを介して、機械、技術、人など様々なものがつながることによって、新たな付加価値創出と社会課題の解決を目指すというものですね。

森谷　日本は仮想の世界においてはＧＡＦＡＭに席巻されましたが、産業データを掛け合わせることでまだまだ競争ができるのではないかと経産省や内閣府が取り組みを始めました。時代にマッチしたということで、このあたりとの連携を始めました。

――「ＩｏＳオープンプラットフォーム推進協議会」はその後どうなったのでしょうか。

森谷　推進協議会は二〇一八年の二月まで続けました。最初は勉強会という建付けで進めていました。

――参画した四七社五五組織は、海運会社、造船所、舶用機器メーカーの三分野すべてから来ていたのでしょうか。

森谷　そうです。海運、造船、舶用工業に加えて、保険やＩＴ関係の企業も参画していました。しかし、いつまでも勉強会をやっていても持続できないので、事業化しようということで、ビジネスモデルを考え始めました。二〇一八年の二月末頃には、ビジネスモデルのデザインはできていました。

——どのようなデザインだったのでしょうか。

森谷　立ち上げ時はまだデータ流通は実現しないから、会員制にして会費を集める取り組みにしました。もうひとつは、実際にデータが入ってくる中で、データを利用したビジネスをやる人などにも対応可能なように二階建ての料金体系を作りました。登録制という言い方をしています。

——データを垂直統合に連携させることによって生まれる新たなソリューションは、想定できていたのでしょうか。

森谷　すでにソリューションはできていました。それは船の運航状態です。燃費につながるようなところは造船所が使いたくなるはずだと確信していました。造船所がいちばん気にするのが船の性能であるということに加え、私たちのＩｏＳ－ＯＰの取り組みは、実際に風や波や潮の流れの影響を受けている中で船がどんな状態で走っているのかをモニタリングしていることです。風や波や潮の流れの影響を受けている状態のことを、我々は実海域という言い方をします。ソリューションは実海域の船舶性能ということです。造船所、それに舶用機器メーカーに実海域の船舶性能ソリューションの使用ニーズを聞くと「使いたい」と言われました。

――すでにソリューションもできていた。いよいよオフィシャル化していこうという流れになったわけですね。

IoS‐OPコンソーシアムの船出

森谷　オフィシャル化した形が、IoS‐OPコンソーシアムです。二〇一八年五月に四七社で立ち上げました。この立ち上げは話題になりメディアにも取り上げられました。日本経済新聞は「船舶運航データ、海運や造船がオールジャパンで活用」と報じ、ライブドアニュースは「世界で前例のない取り組み」と紹介してくれました。

――コンソーシアム設立にあたっては、どのようなご苦労をされたのでしょうか。

森谷　このコンソーシアムを立ち上げた際のコンソーシアム議長には、商船三井の川越美一氏に就任いただきました。当時、川越氏は商船三井の専務執行役員兼チーフテクニカルオフィサーでした。

——トップに商船三井の方をお願いしたわけですね。どのようなお考えがあったのでしょうか。

森谷　これからは勉強会ではなく事業になるため、船や機器の買い手側にリーダーになってもらい、牽引いただきたいという思いがありました。公平性を重視するシップデータセンターという立場から、海事産業全体で進めているという仕組みを重視しました。立ち上げの前に、会員制であること、目指していることを説明しながら各社を回りました。こうして中核を担うプラチナ会員六社が固まっていったのです。株主である日本海事協会とともに、この取り組みを支えてくれる皆様です。お金を出し、口も出すという存在です。年間三〇〇万円を出してもらうビジネスモデルにしました。

——まるで、国連の常任理事国のような存在ですね。常任理事国には、海事産業のトップをずらっと並べたということでしょうか。

森谷　商船三井に日本郵船に日本海事協会。造船所であるジャパンマリンユナイテッド、舶用工業からは大洋電機、三井E&Sと、海運会社、造船所、舶用機器メーカーの三分野が揃うオールジャパン体制でスタートしました。

――プラチナ会員とは別にゴールド会員とシルバー会員がありますね。

森谷　海事関係事業の売上高が一〇〇〇億円以上の会社を対象にゴールド会員を募りました。その年会費は九〇万円です。海事系の売上高が一〇〇億～一〇〇〇億円未満の会社を対象にシルバー会員も募ることにしました。このシルバー会員の年会費は六〇万円にしました。主に造船、ICT、舶用工業、保険などで構成されています。

――ブロンズ会員とグリーン会員もありますね。

森谷　海事系の売上高が一〇〇億円未満の会社がブロンズ会員で年会費は三〇万円です。グリーン会員は国が関係する研究機関で、こちらの年会費は一五万円にしました。ブロンズ会員の募集を始めたときに、早く入るよりも後で入ったほうが得だとか、様子を見てうまくいきそうなら入るなどの意見があったことから、初めから入れば入会金無しにするという入会金制度を作り、初年度は無料にして二年目以降（二〇一九年以降）は年会費の二年分を支払うということにしました。こうして立ち上げ時に四七社が集まったのです。

――「IoSオープンプラットフォーム推進協議会」設立時の四七社五五組織を集めたときよりもハードルは高かったのでしょうか。

森谷　協議会設立のときは勉強会で無償でしたから、各社各組織の決裁も必要なかったはずです。少なからぬお金を支出するということは稟議が必要になりますから、当時はその対応に追われる毎日が続きました。

――コンソーシアムの活動の内容や目的について、各社にはどのように説明したのでしょうか。

森谷　コンソーシアムは基本的には四つのワーキンググループ（WG）で活動しています。「ルール策定・データガバナンスWG」は、このコンソーシアムの運営、データ取り扱いルール、データ共有方針などを決めています。コンソーシアムの根幹となるグループです。次に「ソリューションWG」ですが、技術的な取り決めを行うところです。データ名称、標準の取り入れ、アプリケーション・プログラミング・インタフェース（API）、技術文書の整理、セキュリティガイドラインに加え、最近ではデータ品質や船上データサーバとアプリが相互につながるような技術仕様の検討なども行っています。「ビジネス開発WG」は、ルールの普及、船主や船会社に対するセミナー開催、ベストプラクティスの共有などを行っています。このWG

は基本的に参加したい人が参加できる、会員であれば参加できるようにしています。そして、二〇二二年から新たに始めたのが「人材開発WG」です。このグループではデータ人材の育成やイノベーションなどに取り組んでいます。

これら四つのWGを横串で通すためにサブコミッティというものがあります。これはプラチナ会員に加え、ゴールド会員、シルバー会員、ブロンズ会員から選出されたメンバーで構成されています。いろいろな意見を取り入れるために、三ヵ月に一回の頻度で会合を行っています。ステアリングコミッティはサブコミッティメンバーの上位の役員クラスで構成され、意思決定会合として年に二回開催しています。

――森谷さんはどんな役割なのでしょうか。

森谷　私が担当しているのはソリューション以外の三つのWG、それにステアリングコミッティとサブコミッティの運営、さらに総会の運営を行っています。

――事務局長のような役割なのでしょうか。

森谷　まさに二〇二二年から事務局長に就任しました。二一年までは日本郵船役員及びMTI

社長を歴任された田中康夫氏が事務局長として組織運営を牽引いただきました。

――肝心のビジネスモデルはどうなっているのでしょうか。

森谷　ビジネスモデルは、「AI・データの利用に関する契約ガイドライン」ユースケースとしてのIoSオープンプラットフォームという図（次ページ図1）に整理しています。私たちはデータを提供する人をPlatform User（PU）と呼んでいます。データを誰に利用させるか、どんな条件で利用させるか、を決める人がPUです。これは海運会社であっても、造船所であっても、舶用機器メーカーであっても同じと考えています。

――図1にある「データ利用権限設定契約」というのはどのようなものでしょうか。

森谷　船主（船の持ち主）と、船のデータを集めてくる人、すなわちPUとの間でどんな契約を結んだらいいのかというひな型になります。

――PUの右側にSolution User（SU）がありますね。

森谷　ＳＵはシップデータセンターに接続するソフトを経由してこのデータを利用する立場のことです。中央のシップデータセンターの下のData Buyer（ＤＢ）は生データをシップデータセンターから引き出してきて、そのデータを利用する立場を指します。ＳＵは主に運航会社です。例えば、海運会社が収集したデータを船舶管理会社が利用する。あるいは船主から委託を受けてメンテナンスコストを最適化したい会社もあります。そういう人たちをＳＵと位置付けています。ＤＢは、主に造船所を想定していました。アプリは要らなくて、生データさえあれば自分たちで自社製品へのフィードバック解析するという人たちです。

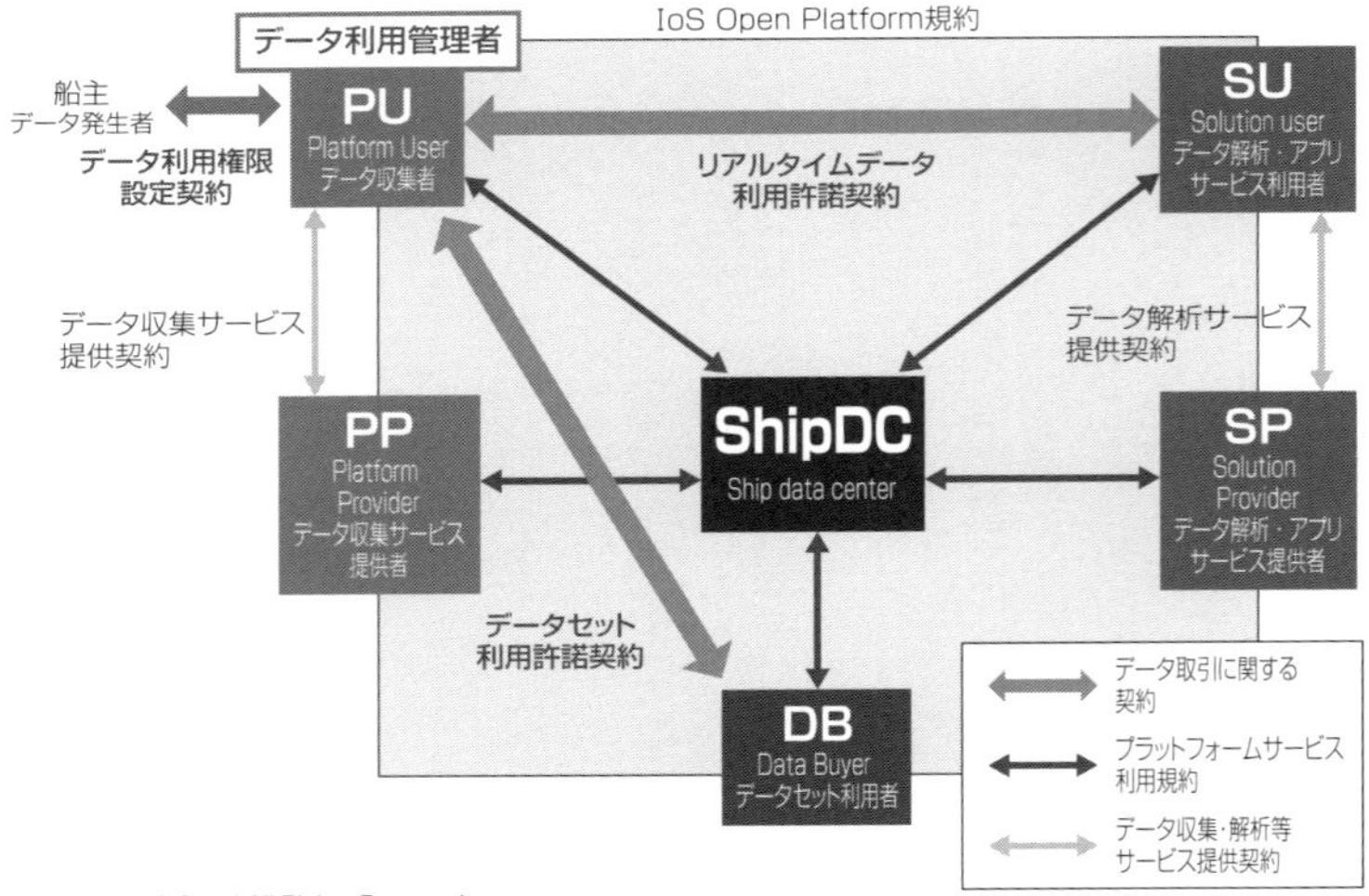

図１　「AI・データの利用に関する契約ガイドライン」ユースケースとしてのIoSオープンプラットフォーム

――ＳＵの下にあるSolution Provider（ＳＰ）はシップデータセンターさんと契約しているアプリ提供者ですね。それではＰＵの下にあるPlatform Provider（ＰＰ）は何でしょうか。

森谷　ＰＰは、データ収集装置である船上サーバを販売する人たち。この人たちはアプリや陸上サーバを意識せずに、この船上データ収集サーバを乗せておけば、いろんなアプリが使えますよ、データが保管できますよ、という価値を提供できることになります。これらのＰＰ、ＳＰ、ＤＢから登録費用を頂くというのが、私たちのコンソーシアムの二階建て料金体系の二階部分に当たります。

――二階建ての料金体系。それはつまり一階がコンソーシアムの会費で、二階がＰＰ、ＳＰ、ＤＢを対象にしたビジネスということですね。

森谷　そうです。ＰＰは現在七社あって、コンソーシアムの会費以外に費用を頂いています。ＳＰは一四社、ＤＢもデータ利用権を買うときに登録料を頂いています。それぞれ例外を除きコンソーシアムの会員であることが前提になっています。

――データ利用料はどうなっているのでしょうか。

森谷　データ利用料、つまりデータ利用権購入費は別です。データ利用権購入費は標準的に決められているのではなく、データ提供者が費用を算定することになっています。

――このあたりまでは勉強会のアウトプットとしてできていたということですね。

森谷　デザインまではできていました。契約書のひな型もできていました。しかし、当時はまだまだ課題山積状態でした。

花火と機運

――IoS-OPコンソーシアムが立ち上がり、仕組みはできた。ここで気になるのは肝心のデータのこと。実際に運航データがシップデータセンターのIoS-OPに集まり始めたのは、どのタイミングだったのでしょうか。

森谷　日本郵船が、モニタリングシステムSIMS（Ship Information Management System）を

搭載したすべての船舶の運航データをＩｏＳ－ＯＰへ登録することに合意したのは、二〇二〇年一二月一六日のことでした。つまり、コンソーシアム設立から二年以上かかったということです。

――合意するだけのルールが必要だったということでしょうか。

森谷　ルールと同時にタイミングがありました。

――タイミングですか。

森谷　日本郵船、商船三井、川崎汽船の邦船三社がコンテナ事業を抜き出して、Ocean Network Express（ＯＮＥ）というシンガポールの会社を作りました。コンテナ船というのは基本的に荷物をいつ届けるかということも含めて、結構速く走るのです。我々は高付加価値船という言い方をしますが、モニタリングシステムをほとんどの会社が積み込んでいる船種です。ＯＮＥのそれぞれの船からあがってくるデータを取り出して、シップデータセンターのほうで標準データに変換して、ＯＮＥに流し込むというのは一つの価値になる。これが実現したのです。「邦船三社がＩｏＳ－ＯＰを通じて船舶の運航データをＯＮＥと共有」とのタイトルのプレスリリースを発表したのは二〇一九年一〇月一八日のことでした。

——このONEとのデータ共有はシップデータセンターにとっては幸運だった？

森谷　幸運でした。機運を高めてくれました。世界に発信できる事例ができたと言えます。みんなに飽きさせない、花火（ネタ）を上げ続ける。そんなことばかり考えていました。

——森谷さんのお立場的には、ONEの話になるまでは、正直苦しい状態だったのでしょうね。

森谷　ええ。当時はこの取り組みの認知をどう高めるかだけを考えていました。日本海事協会は、二〇一八年一〇月に一般社団法人データサイエンティスト協会主催の「データサイエンスアワード2018」で発表した「データサイエンティストが活躍できる船舶IoTデータ利活用にかかる実践的取り組み」が最優秀賞を受賞したのですが、これも代表的な事例（花火）と言えます。ONEとのプレスリリースの四ヵ月ほど前には政府から日本初のデータ共有機関として認定されました。政府からのお墨付きを得ることができ、加えて政府が持っているデータの使用を要請できる権利も得ました。

――火を絶やさない。花火を上げ続けながら、機運を高めていくということですね。

森谷　先ほども触れましたが、日本郵船がすべての船舶の運航データをＩｏＳ－ＯＰへ登録することに合意したのは、二〇二〇年一二月一六日のこと。日本郵船に先行していただいたことで、二一年二月に川崎汽船が合意、三月に商船三井が合意しました。ビジネスの実態が伴うまでは、とにかく花火を打ち上げ続けました。

――システムはクラウドですか。

森谷　はい。ＩＢＭクラウドとＡＷＳクラウドを併用しています。

――クラウドを使って、先行投資して、システムを作る。これは誰が担当していたのでしょうか。

森谷　現在のシップデータセンター社長の池田靖弘氏です。池田氏は日本海事協会の情報システム部門を兼任しながらシップデータセンターのシステム開発を担当していました。何もない状態から船舶運航データを共有するプラットフォームが構築できたのは、ドメイン知識を持ったＩＴエンジニアとしての池田氏の能力によるものと考えています。

――もう一人、重要なプレーヤーがいたということですね。ビジネスに関係するドメイン知識を持った優秀なITエンジニアというのも一つのキーワードですね。

森谷　私はことづくり、池田氏がものづくりとオペレーション。そんな役割分担をしながらようやくここまで来ました。

――冒頭のキーパーソンの方は、自社だけではなく業界全体という広い視野を持っていた。それだけではなくて、人脈を持ち人を動かす力を持っていた。そこにシップデータセンターの池田さんや森谷さんという実働部隊がうまく揃って、普通なら消えてしまうであろう火を燃やし続けたということですね。

森谷　まだまだ消えてしまう可能性も感じながらも、常に火種が消えないようやっています。

――森谷さんのお話を聞いていると、成功の要因には運もありそうですね。

森谷　確かに運もあると思います。国際海運分野の温室効果ガス（GHG）の排出削減が課題になっている中、二〇二三年から船舶のGHG排出量に対する格付け制度（CII）が開始されるのです。あなたの船のGHG排出量はAランク、Bランクなどと格付けされることになります。これを誰に誰が聞いてくるかというと、船の持ち主（船主）に、船を使う人（傭船者《ようせんしゃ》）が、になります。

例えば、船主から船を借りる傭船者などは、格付けが悪い船であれば、それを借りるのをやめて、別の船を借り直すこともあるでしょう。船を買うのにファイナンスサポートが必要ですが、金融機関もある一定以上の格付けの船にしかお金を貸し出さないということになるかもしれません。世界全体でそんなことになってくるわけです。いままでは燃費を負担している人たちだけが見ておけばよかったのですが、船を持っている人たちも気にするようになってくるでしょう。そうすると見える化が必要になります。私たちの出番ということになります。

——データ活用という点でも新たな動きがあるのでしょうか。

森谷　漁業の世界でデータを使い始めている事例があります。商船で海水温のデータを取っているのですが、その海水温データが漁業の予測に使えるというのを水産庁系の漁業情報サービスセンターが見つけてくれて、使い始めているのです。海洋生態系分野でも使いたいという話が来ています。

――データが新たな価値を生み出しているということですね。

企業連携が進まない業界へのメッセージ

――それでは最後に成功の秘訣をお聞きしたいと思います。お話ししにくい部分かとも思うのですが、森谷さんご自身の能力とかキャリアはどういったところにあると思いますか。

森谷　実行力だと思います。業界関係者ともよくお話しするのですが、私は実行力で、それを支えてきたのは当事者意識と責任感だと思っています。前職のＩＢＭ時代の営業経験やスキルがあって、それを当てはめていくという感じです。まずやることを決めてからやり方を決めるみたいなところがあって、先にやることをコミットして、もう逃げられないようにするのです。

――自分自身をもう逃げられなくするということでしょうか。

森谷　行動力を高めるための呪文みたいなものかもしれません。

――そんな森谷さんは今の日本をどのように見ているのでしょうか。

森谷　欧州、米国、中国などではグローバルで企業を超えたデータ共有の取り組みが進んでいます。一方、日本の取り組みにはまだまだ課題も多いと思います。日本ではデータの競争・協調の振り分けが進んでいないことや、企業間連携においても契約や連携の範囲等が明確ではないことが多く、これが企業を超えたデータ連携が進みづらい要因となっていると見ています。日本企業は、自社の競争力の源泉としてクローズドにする情報と、他社と共有することによって新たな価値を生み出す情報を振り分け、他社とのデータ連携を加速していくことが求められてくると思います。

――DXにおけるIT企業の動きをどのように見ているのでしょうか。

森谷　IT企業などが新事業として取り組んでいるケースが多いようですが、その取り組みをなぜやるのか、なぜその会社がやるのかという大義名分が必要です。儲けやマネタイズを前面に出した進め方は難しいと思います。

――このあたりで具体的な事例があったら教えてください。

森谷　私のところにも、何をやっていいかわからないから聞きに来た、みたいな人がいるのですが、その多くがＩＴの方です。データ共有するためには他社のデータが必要で、共有するには合意が必要だと言っても通じません。データを提供したらどんないいことがあるのか、どんなデメリットがあるのか。協力を引き出すためには大義が必要なのに、ほとんどのケースにはこれが欠けていると思っています。私たちはユーザー主導でこの点に注力してきました。

――データプラットフォーマーという仕事は、ＩＴ業界が先頭に立ってやっていくのは難しいのではないかということですね。参画企業が大義名分を持ってやることが必要ではないかと。ＩＴプラットフォーマーが儲けやマネタイズを前面に押し出して取り組むと違う方向に向かう可能性があります。裏を返すと、儲けやマネタイズは難しい事案と言えるかもしれません。参画企業が儲けやマネタイズをする方向や機会を提供するというような立ち回りのほうがいいのでしょうか。

森谷　私たちのやり方はまさにその立ち回りを重視しました。逆にそれ以外の成功事例はあまり見たことがないですね。

――最後にお聞きします。ＤＸを進めていくうえで、ずばり何が必要だと思いますか。

森谷　自分や自社のことだけではなく、業界全体や社会への貢献という視点で考え、行動するビジネスリーダーが必要です。ビジネスリーダーはＩＴ企業ではなく、ユーザー企業から選ぶことが望ましいと思います。

――ビジネスリーダーとはまさにこの話に出てきたキーパーソンのような人物ということですね。リアリティーのあるストーリーと貴重なお話に感謝いたします。

（二〇二二年九月二六日）

森谷　明（もりたに　あきら）
執行役員・事業推進部部長。日本IBM株式会社勤務を経て、2013年日本海事協会に入会。2017年シップデータセンターに出向。2021年より現職。

▼インタビューを終えて

会社の中でさえ組織間でデータ共有が進まないのに、なぜ、海事産業では会社の壁を越えてデータの共有が進んだのでしょうか。その鍵は、「業界全体の視点で危機意識を持つ企業経営者」というキーパーソンの存在でした。

日本の海事産業は、海運会社、造船所、舶用機器メーカーなど立場が違ったり、競合する多数の企業から構成されます。ヨーロッパも韓国も垂直統合なのに、日本は垂直分業です。データの時代になると、ますます不利になってしまう。グーグルなどが進出してきて、海事関連のデータをプラットフォーム化するかもしれない。そういった危機感を持ち、自社だけでなく海事産業全体という立場から、そのキーパーソンは行動を起こしたのです。

でも、危機感を持って組織だけ作っても何も動きません。多くの企業でそうした状態に陥っています。そこでこのキーパーソンは、自ら率先して推進しました。まずクローズドな五社だけの検討会を作り、次にオープン化された四七社五五組織が参加する検討会に発展させ、そして事業化（ビジネスモデル）への道筋を作る。それを実現していく原動力として、森谷さんをはじめとする、実行力のあるスタッフが集められたのです。

ただ、それだけやっても、肝心のデータ共有は進まなかったのです。各社にとって「業界全体でデータ共有する意義」は理解できても、いざ決断しようと思うと「他社にデータを提供する自社のメリットは？」という壁に阻まれるのでしょう。森谷さんたちは、ビジネスモデルは完成しても肝心のデータ共有が進まない、そんな逆境の中で花火を上げ続けて粘り続け、ついに「運」が降ってきたのです。私も経験がありますが、会社や社会にとってやるべき道は、いばらの道であっても、この道は間違っていないという信念を持って粘り続ければ、いつか幸運が舞い込んできます。

森谷さんの結びの言葉「自分や自社のことだけではなく、業界全体や社会への貢献という視点で考え、行動するビジネスリーダー」には、ＤＸに求められるリーダー像が凝縮されていると思いました。そして、そういったリーダーのもとで、正しい方向に粘り強く続けていたら、どこかで「運」も味方についてくれるのだろうと心に刻まれました。

コープさっぽろ
——虎の子のPOSデータを取引先に公開する

生活協同組合コープさっぽろは、スーパーマーケットなどの店舗事業、共同購入などの宅配事業、それに共済などの保険事業や旅行事業、カルチャースクール、葬儀、夕食等を個人宅に届ける配食事業などを北海道全域で展開している生活協同組合です。店舗数は、二〇二三年三月二〇日現在で一〇八店舗。北海道のスーパーとしては、イオンを展開しているイオン北海道、コープさっぽろ、それにスーパーアークスを展開しているラルズが三強と呼ばれています。

私がコープさっぽろに注目しているのは、日本の小売業で初めて、POSデータを取引先に公開したからです。POSは、Point of Salesの略称で、「販売時点」を意味します。POSデータには、どの商品が、いつ、どこで、いくらで、どのくらい販売されたか、という情報が含まれます。いわば、店舗における販売状況の最も詳細な記録です。当然、自社の強みも弱みもすべて知ることができます。それを外部に公開するというのは、何か大きな目的があったに違いない。また、公開に踏み切る前例のない決断ができたのはなぜだろうか。それを知りたく、POSデータの活用を担当されている川崎正隆さんに話を聞きに行きました。

コープさっぽろのＰＯＳデータ公開

——コープさっぽろさんは、ＰＯＳデータを取引先に公開していると聞いています。重要なＰＯＳデータを外に出しているということに驚きました。しかも、最近のビッグデータブームの影響かと思っていたら、かなり以前から公開していたそうですね。

川崎　ＰＯＳデータの公開を始めたのは、一九九八年の水産部門からです。その後、部門を徐々に拡大し、二〇〇三年にはウェブ経由で取得できるようにしました。

——ずいぶん以前からＰＯＳデータを公開していたのですね。

川崎　ＰＯＳデータによって店舗別、日別、商品別の売上金額（生活協同組合では「売上」のことを「供給」という）と売上点数がわかります。

――売上金額と売上点数、つまり売れた数ですね。それは、ＳＫＵベースでしょうか（ＳＫＵはStock Keeping Unit、ストック・キーピング・ユニットの略で、受発注・在庫管理を行うときの最小の管理単位のこと）。

川崎　そうです。ＳＫＵベースです。カレールーであれば、甘口、中辛、辛口などそれぞれのデータということです。

――そのＰＯＳデータを一九九八年から取引先に公開したということですね。

川崎　当時はまだインターネットの黎明期だったので、フロッピーで取引先様にお渡ししたり、コープさっぽろ本部にデータ取得用のデスクトップパソコンを置いて提供したりしていた時期もありました。

――取引先とは具体的にどういった企業になるのでしょうか。

川崎　私たちの主たる事業であるスーパーマーケット事業や宅配事業で商品を供給いただいて

いるメーカーさん、および問屋さんです。

――メーカーと問屋の両方ということですか。

川崎　両方です。野菜や果物を扱う農産の業者さん、水産物を扱う水産業者さん、精肉やハムやウインナーなどの加工肉を扱う畜産の業者さん。お菓子や加工食品、日配（乳製品、パン類など毎日仕入れがある商品）や飲料、お酒、米、日用品などなど私たちの事業で商品を供給いただいているメーカーさんと問屋さんです。主たる取引先様に対してPOSデータを提供させていただき、POSデータの分析活用をスタートしました。

POSデータ公開の狙いとは

――POSデータは、ID-POS（顧客IDに紐づいたPOSデータ）と比べて情報は少ないとはいえ、データを外に出すということはリスクもあると思います。もちろん秘密保持契約（NDA）などを結んでいると思うのですが、コープさっぽろさんのどこの店で何がどれだけ売れているかがデータですべてわかります。競合他社に手の内を明かす可能性があるということです。そう考えると、結

構ハードルが高かったのではないかと。そのハードルを乗り越えてでも公開した理由を教えてください。

川崎　データ公開を推進したのは、現在の理事長である大見英明です。当時、大見は商品部の責任者でした。商品部というのはお店や宅配で取り扱う商品を決め、売価や売り方を決める、いわゆる商品政策を決める部門です。

――当時の大見氏はどういうお考えだったのかが気になります。

川崎　データや情報はオープンにして取引先様に見せる。取引先様はそのデータを分析して、自社の商品の売り上げをコープさっぽろで伸ばすための商品の売り方の改善提案を考え、コープ側に持ちかける。その改善提案が多ければ多いほど、改善のスピードは上がる。公開するリスクと天秤にかけ、そちらを選んだのだと思います。

――そもそも小売業界はPOSデータをどのように活用しているのでしょうか。

川崎　私個人の見解ですが、小売業界ではPOSデータの活用はあまり進んでいないのではないかと感じています。例えば、小売業を営む組織では、バイヤーと呼ばれる業務担当者がいます。バイヤーの仕事とは、商品をお客様に提供できるよう商品の確保を行う、そのために先々の商品仕入れの計画を立てて、売り場に問題が出ないようにする業務です。この商品仕入れ量を考えるのにPOSデータを活用できます。でも、バイヤーは日々の仕事が忙しいし、そもそもデータ分析はしなくても、商品を仕入れ、値付けをして、売り場に並べれば、お客様に買われていく。要はPOSデータ分析をしなくても日々の売り場に大きな問題は発生しないで進んでいくのです。その結果、バイヤーのPOSデータ活用はなかなか進まない、それが実情ではないかと思います。POSデータの分析を専門に行う部署や機能もあまりみられません。

――大見氏は取引先からの改善提案に期待していたとのことですが、その改善提案は具体的にはどのような内容なのでしょうか。

川崎　最もシンプルな例は、市況、市場との売れ筋の比較です。例えば飲料で言えば、コープさっぽろで売れている飲料のベスト10はPOSデータでわかります。ただしそのベスト10と北海道全体の売れ筋ベスト10を比較すると、商品が異なったり、売り上げの順位が異なる場合が発生します。そういった市場とのギャップに着目する、例えば北海道市場の売れ筋ベスト10に入っている商品がコープさっぽろのベスト10に入っていないとすれば、その商品はコープさっぽろが売り逃ししている可能性が高い、といった具合に、データからポテンシャルのある商品を発見し、売り上げ改善の方向性を探ったりしています。

――お店に来るお客さんに対するチラシ広告や店頭のＰＯＰ、商品の並べ方など、消費者の購買意欲を高めるための方法はいろいろあると思うのですが、データを比較することで今よりもっと売れるように改善することもあるのでしょうか。

川崎　我々は商品の並べ方などを売り場展開と呼んでいますが、データに基づく最適な売り場展開は何か、ということもやっています。例えば冬至にカボチャを売る際に、各店、同じカボチャを同じ価格で販売し、同じような売り場になるように展開の指示も発信します。

ただしそれでも店によって指示書にない部分で売り場展開に差が発生し、結果、売り上げに差が出ます。そういった場合、我々は売り場写真を見ながら、どうして売り上げが良かったのか、なぜ悪かったのか、という理由をあれこれ考えます。そして、良かった店の理由を写真と共に、真似しましょうという形で全店と共有し、より売れる売り場になるよう、売り場のボトムアップ改善を日常的に進めています。

――カボチャ事例だとコープさっぽろさんの中で完結しているように思えるのですが、取引先にデー

タを提供することと、どのような関係があるのでしょうか。

川崎　内部で完結することもありますが、商品を供給いただく取引先様にご協力いただくことが多いです。コープさっぽろの売り上げが上がれば取引先様の売り上げも上がる、そのためにPOSデータを共有するので、売り場の提案をいただけないか、という建付けです。

——まさに取引先からの改善提案ということですね。

川崎　他にもお盆や年末、節分、ひなまつり、母の日など年に一回しかない生活催事の売り場から、月次、週次で行う恒例のセール販促の最適化まで、様々な場面で取引先様からデータ分析に基づく改善提案をいただいています。

——POSデータを公開する以前からもこのような協力関係はあったのでしょうか。

川崎　はい、ありました。

——取引先が小売業に対して協力するというのは、特にユニークなことではないということですね。

川崎　取引先様に様々な場面でご協力いただくのは一般的な話です。その中でも私たちは、POSデータを共有していることが一つの価値だと思っています。

我々も取引先担当者もいろいろなお店や売り場を見ることは日常的に行っていて、「この売り場はいい」などと感想を共有してきました。見栄えがいいなど感覚的な要素は大事ですが、それがどれだけの売り上げアップにつながるかは、データで答え合わせが必要です。

また、極端な話をすると、バイヤーの好みで「あなたのところの商品ではなく、他社さんの商品をやるね」などとそれほど売れていない商品の採用を決定してしまうと、結果的に顧客にとってベストでない売り場につながってしまいます。POSデータが取引先様に共有されていたら、どの商品が売れているかわかるから、このようなバイヤーの誤った判断は回避できます。もちろん、バイヤー自身がPOSデータに基づく適切なジャッジを行っていれば問題ないですが、POSデータが共有されていないと判断の基準がブラックボックス化し、誤った方向に進むリスクもはらんでいるのです。

――限られたお店の中で、メーカー同士の熾烈な陣取り合戦が行われているという感じでしょうか。

川崎　そうイメージしていただいて結構です。アマゾンのようなEコマース、ネット販売であれば、基本、売り場の制約はないため、たくさんの商品を扱えますが、お店は売り場が限られるので、取り扱える商品に限りはあります。取引先は、より多くの自社商品をいい場所に置きたい、多くの店で扱ってもらいたい、と思います。それを決めるのは小売り側です。そのジャッジは小売り側の主観で行うか、それともＰＯＳデータに基づく客観的な要素を踏まえて行うか、どちらが売れる可能性が高いかといわれればおそらく後者でしょう。

――メーカーは売り場のよりいい場所に商品を置いてＰＲしたいと一生懸命に売り込んでくる。いままではデータがなかったので、何度も通って仲良くなることで商品を置いてもらえるといった感じで、合理性のある状況ではなかったということですか。

川崎　はい。多くの小売業でそのようなことが起こっていると思います。合理性がないことでいちばん迷惑するのはお客様――組合員さんです。自分たちの欲しい商品がどうしてこの店にないのか、と思われる可能性があります。

――バイヤーはみんなからちやほやされるわけですね。

川崎　否めないです。もちろんそれは小売業側にとってもあまり健全なことではありません。

じつはPOSデータを公開することで、バイヤーが客観的事実に基づいて仕事をしているかどうかを、バイヤーの上司やコープさっぽろ内のほかの部署の人間、さらに取引先様が点検できるようになっています。

――POSデータを取引先に公開した一九九八年時点では、データ活用できる人材は取引先でもいなかったのではないかと思います。

川崎　当初は、とても簡単な分析を手探りでやっていたと思います。例えば、売り上げベスト10を作るというのは、他の業種の分析からみるとあまりにシンプルなものですが、そういったものから我々の分析は始まりました。

――難しい分析手法というより、集計レベルだったということですね。大切なのは何を集計するかということと、その集計した結果から何を読み取るかということではないかと思うのですが、この点はいかがでしょうか。

川崎　おっしゃる通りです。それを共有する場として二〇〇〇年に始めたのがMD研究会です。

ＭＤ研究会からＭＤ協議会へ

――ＭＤは何の略でしょうか。

川崎　ＭＤというのはマーチャンダイジング、「商品計画」や「商品政策」という意味です。扱っている商品の売り上げをどうやって伸ばしていくのか、どういう商品を扱えばいいのか、こうした売り場の商品政策のことをＭＤと称します。

――ＭＤ研究会の活動内容を教えてもらってもいいですか。

川崎　生鮮食品や食品など各カテゴリーのメーカーなど取引先様とコープさっぽろの担当バイヤーを集めて、取引先様数社に「こんなふうにデータを使って、こんなことがわかって、結果、売り上げが伸びました」というデータ分析に基づくＭＤ改善事例を披露いただき、それを皆で共有し、データ活用の方法を実践から学ぶ場として設けました。

――コープさっぽろさんからはどのような方々が参加していたのでしょうか。

川崎　商品MDに関する責任者全員、バイヤーだけでなく役員と本部長も同席していました。

――役員クラスと本部長とバイヤーが出席するとなると、本気度を感じますね。例えばお菓子の勉強会の日には、メーカーや問屋の担当者が集まって、コープさっぽろさんに対して、データを活用して販売施策を提案し、これだけ売り上げが伸びるというような発表を行うということですか。

川崎　そうです。さらに実際にやってみて見つかった今後の課題にも言及して、次の施策の提案につなげる建付けにしています。PDCAです。そして、このMD研究会には約束がありました。

――具体的にはどういうことですか。

川崎　我々コープさっぽろ側の義務として、取引先様からの提案は基本必ず実行するというルールを設けました。単にPOSデータ分析の資料を作るだけだと取引先様の仕事が増えるだけです。それが徒労に終わらないよう、分析提案は必ず実行すると当時商品部門の責任者だった現理事長の大見が決めました。

――すごいコミットメントですね。でも、取引先からすると、POSデータをうまく活用して、すごくいい提案をして、成果を上げた。この手の内を競合他社に知られたくないと思うのではないでしょうか。

川崎　取引先様はいろいろな配慮のもとでやられていたと思いますが、この公開形式で実施することで問題が発生します。

――どんな問題が起こったのでしょうか。

川崎　主に二つあります。一つはそこでの内容がライバルのスーパーマーケットに流れることです。そもそも小売業は売り場展開した時点で、商品や売り方は誰でも見ることができるので、すぐに真似されるのは常なのですが……真似されるスピードが速くなりました。

もう一つはMD提案を共有することで、取引先様からのボトムアップな提案は進むのですが、提案する内容は、競合するほかの取引先様に聞かれてもいいような内容に限るべく、線引きされるのです。例えば本音では競合するメーカーの商品をやめて、自社の商品を大々的に扱ってほしい、データ上もそういえる、しかし公開の場ではそういった踏み込んだ話ができないのです。

そこで、オープンではなくコープさっぽろと一取引先の二者で、一対一でMD提案をいただく場を作りました。それがMD協議会です。現在は店舗事業と宅配事業それぞれで半期に一回のペースで行っています。

――オープンなMD研究会はクローズして、一対一のMD協議会を新たに作ったのですね。オープンな場だとなかなか言いづらいような生々しい話も出てきそうですね。

川崎　取引先様との約束で具体的な内容は言えないのですが、確かに生々しい話が多いです。

――MD研究会の取引先からの提案は必ず実行するという約束は、MD協議会ではどうなったのでしょうか。

川崎　同じくMD協議会で提案されたことも基本的には実行します。

――MD協議会での提案は全部採用されるということですか。

川崎　コープさっぽろはいただいた提案を全力で実施するのが方針です。そのために、必ず取引先側も決裁できる責任者が出席する。当方も理事長はじめ商品部の役員、部長クラス、担当バイヤー、マーケティング部が参加する。双方から決裁できる人が参加するという建付けにしています。

——MD協議会当日にその場で決めるということですか。

川崎　その場で難しいと判断されたもの以外は、採用に向けて動きます。詳細な実施内容は、後日、実務者同士で詰めることになります。

またMD協議会では、「コープさっぽろの弱点、悪さを必ず指摘する」という方針を掲げています。これは初めてコープさっぽろを担当することになった取引先様の営業担当者が最も戸惑うところの一つです。通常、取引先様が、小売りの弱点を直接言うことはまずありません。取引先様にとって小売りはお客様ですから。ただ、我々はこの「弱点、悪さの指摘」を非常に大切にしています。弱点、悪さというとネガティブな表現ですが、それは「売り上げの伸びしろ」です。要はコープさっぽろの売り上げの伸びしろを教えてくださいということです。「コープさっぽろの弱点、悪さを必ず指摘する」というのはMD協議会で最も大事なことの一つといっていいでしょう。

――「コープさっぽろの弱点、悪さを必ず指摘する」ということは、悪いところを絶対に指摘してほしいということですよね。

川崎　そういうことです。ほかにMD協議会では「コープさっぽろのデータに基づいて、提案、検証する」「実施した提案は継続してPDCAを行う。担当が替わっても組織として継承する」ということを主にお願いしています。

――「取引先の人事異動で担当者が替わったとしても、継続してください」という意味ですか。

川崎　はい。そういう意味もあります。また提案は一〇〇%成功するものではない、失敗を隠したりせずに、そこから学んだことを次につなげてほしいという意味もあります。また提案は「双方にとってメリットのあるものとしてほしい」とお願いしています。

――MD協議会は半期に一回ですから、メーカーからすると半年に一回しか提案のチャンスがないということですか。

川崎　あくまでもＭＤ協議会は半期の大方針を決める場としてのものなのでその頻度ですが、商談自体は毎月、担当バイヤーと行っています。

――ＭＤ協議会の成果はどのような形で出てきているのでしょうか。

川崎　ＭＤ協議会を継続し、提案をブラッシュアップし続けている取引先様は確実に売り上げを拡大しています。

――売り上げがほぼ右肩上がりということは、取引先にとってハッピー、コープさっぽろにとってもハッピーというＷｉｎ－Ｗｉｎな関係ですね。つまり「双方にとってメリットのあるもの」という方針が実現しているということですね。

経営危機からＰＯＳデータ公開へ

――ＰＯＳデータ公開は売り上げアップにつながってきた。データが見えることによって、ＰＤＣＡ

も回ってくるし、施策もより合理的に決めることができるようになった。それでも、私の中で引っ掛かっているのは、それまでデータ分析の経験がなかった取引先がいきなり分析するようになるのでしょうか。

川崎　我々の商いは、データですべてを決めているわけではありません。じつは、私自身は、中途でコープさっぽろに入協した人間で、前職は食品を扱う営業でした。当時は、営業先の小売りは、POSデータを見せてくれなかったので、営業担当は小売りのバイヤーとの人間関係を良くするか、売れて儲かるような商品を持っていくか、の二つくらいしか武器がありませんでした。正直、営業センスがなかった私は、この二つだけだとなかなか結果が残せなかったです。しかしPOSデータを分析できるのであれば、それほど難しい分析をしなくとも、例えば売れ筋を集計し、提示する程度なら頑張ればできる、そうなるとデータ分析は、営業の三つ目の武器になるのではないか、と思います。

――データ分析という三つ目の武器を活用すれば、売り場確保やチラシ掲載につながるということですか。

川崎　そう思います。それから、バイヤー側にとっても、データ分析は武器になります。なぜなら、バイヤー自身も責任数字を背負っています。データを使わなくても、目利きができて、売り上げ目標を達成できる商才のあるバイヤーはいいのですが、そんな天才的なバイヤーはごく一握りです。データを使えば、凡人でも売り上げを伸ばす確率を高めることはできるはずです。

——二〇〇〇年までは確率を高めるための努力が足りなかったということですか。

川崎　努力が足りないというより、そこまでしなくても売り上げを作れた状況だったということだと思います。日本は戦後から世界でも稀な長期的な経済成長が続きました。商品はチラシやＴＶＣＭをやって、魅力的な価格を出せば売れた。日本はそんな時代が長かったということです。

——しかし、そんな時代は終わったと。

川崎　ええ。一九九八年は経済が停滞し、失速していくタイミングでした。その影響がスーパーマーケットにもやってきた。

——そういえば「たくぎん」の愛称で親しまれた北海道拓殖銀行が経営破綻したのは一九九七年でしたね。

川崎　コープさっぽろも一九九八年に経営危機に陥りました。コープさっぽろを復活させるための武器として、大見が動いたことの一つがPOSデータ公開でした。

——バブル崩壊に巻き込まれたということですね。大見氏はどうやって立て直すかを考えて、その中の一つがPOSデータ公開だった。

川崎　スーパーマーケット事業を立て直すためには、売り場の改善を行わなければならない。そのためにデータが重要であることはわかっているが、我々にはデータを分析する余力がない。だったらもうPOSデータを公開して、取引先様に「Win-Winになるように我々も頑張るから」と協力を呼び掛けることにしたのです。

——今から振り返ると、POSデータ公開当初は、データを分析しているというものの、そのレベルは低かったのでしょうか。

川崎　分析レベルが高い低いという言い方はあまり好きではないのですが、今振り返るといろいろ思うところはあります。

またPOSデータを公開してMD研究会やMD協議会を続けていく中で、取引先様やコープさっぽろの人事異動により、過去から積み上げてきた取り組みやデータの活用方法が後任に継承できないケースが見受けられました。そのため、POSデータ分析の基本的なやり方やMD協議会という場の仕組みとはどういうものかを継承するために、私のほうで二〇一四年からデータ分析講座をスタートさせました。

――それはコープさっぽろマーケティング部の「分析力養成講座」のことですか。

川崎　はい、そうです。「MD協議会はこういう場です」「資料づくりはこうやって行います」「具体的にはこんな提案が過去ありました」「データ分析時にはこういった点に気をつけましょう」などデータ提案に必要な基本的なことを共有する場です。

――これは養成講座であって、プレゼンの場ではないということですね。勉強は勉強ということで、本気にならないこともあるのではないかと。

川崎　確かにその通りです。勉強したからといって、提案に結び付くかというと、人によって異なりますし、差も出ます。しかし提案に生かし、営業成績につなげている人もいます。

――この分析力養成講座は年に何回行っているのでしょうか。

川崎　毎年、上期と下期の二回、それぞれ同じ内容で行っています。

――分析力養成講座の参加者は取引先の営業の方々ですね。

川崎　営業担当のみならず、分析資料を作る営業のサポート部隊、さらにはコープさっぽろと関係ない方、例えば他社の営業担当者の参加も受け入れています。

――それはどういう考え方に基づいているのでしょうか。

川崎　講座の受講生にヒアリングしてわかったのですが、ＰＯＳデータを公開している小売業はほとんどありませんので、例えば大手メーカーさんでもＰＯＳデータを営業に生かすノウハウをためる機会はあまりないのです。小売り側がデータ活用を求めていない状況ならば、取引先様は小売り側が求めていないことにリソースは割きませんので、データ分析しないのは当たり前なのですが、正直、この状況を知ったときには驚きました。

また巷にはデータ分析の本や講座はありますが、現場の営業が知りたいのは実例です。当組合の分析講座では、実際の過去の提案実践事例を交えながら説明しています。そういったところが評価され、取引先様から若手に学ばせる場として活用されています。

――コープさっぽろさんが学びの場になっている。人材育成の場にもなっている。これはすごいですね。

川崎　取引先様には、コープさっぽろに優秀な営業担当をつけてほしいと思っています。「コープさっぽろは、北海道のローカルスーパーだが、データ活用を実践できる小売業である」。そこに価値を見出している取引先様は、若手の有望株、次世代のエース級を鍛える場として担当につけてくれる。そんな方が成果を残し、巣立っていく。彼ら彼女らの栄転が決まると我々は「おめでとう」と伝えます。普通であれば離したくないのですが、人材育成の場を提供している我々にとっては本当にうれしいことです。

――分析力養成講座ではどのようなことを教えているのでしょうか。

川崎　まず前段で河本先生の本からの学びを使わせてもらっています。

――私の本ですか。そうなると、データ活用は専門家だけのものではない。データは所詮道具に過ぎない。大切なのは売り場での売り上げを伸ばす施策を提案すること。いままで勘と経験に頼っていたようだが、データを使えばもっとベターになる。こんな感じで進めているとか。

川崎　その通りです。二〇一四年に始めた当時は、理論的なところを中心に講座の内容を作りましたが、結局、参加者に何がいちばん知りたいかを聞くと、事例が知りたいとの声が多数です。みんなにとっていちばんハッピーなデータの使い方は何だろうと思ったときに、まずはとにかく事例を出すから真似をしましょうと。真似からスタートして一回成功すれば、その後はどんどん自らデータの活用をやってもらえます。

――データを使うとこんなにいいことがあるというマインドセットに変えることさえできれば、後は勝手に回っていきますよね。

川崎　私自身、営業時代に苦労した経験があります。人間関係を作るのが得意ではなく、営業活動がなかなかうまくいかない。そんな営業の方の助けになればと、データ活用は武器の一つになるということを伝えたいと思って、やっています。

――取引先の担当者の中で、データ活用による成功事例も出てきているのでしょうか。

川崎　おかげさまで成功事例が本当に増えています。

――コープさっぽろさんは、取引先に対して、データを生かして営業提案をしたら成果が出るというMD研究会やMD協議会という場を作って、さらに分析力養成講座という学びの場まで作っている。なかなかできないことですね。

川崎　我々は北海道におけるデータマーケティングの実験の場でありたいと思っています。それで成功したら、取引先様の中で成功事例を共有して、その事例を全国のいろんなスーパーに提案して、広げていってもらえればと思っています。

――同じような取り組みをしている小売店はあるのでしょうか。

川崎　私が知る限り小売業で同じようなことを行っているのは、我々を含めて全国で数社程度ではないかと思います。特にローカルのチェーンストアで取り組みが多いように感じます。ローカルチェーンは仕入れ規模では全国大手には勝てない。限られた地域の中でシェアを維持し、生き残っていくしかない。そのためにデータを使ったコミュニケーションを取引先様と行うことによって、生き残りに取り組んでいるのではないかと想像しています。

ＩＤ－ＰＯＳも公開へ

――冒頭にお話しいただきましたが、ＰＯＳデータに続いて、ＩＤ－ＰＯＳデータという、誰が、いつ、どこで、何を、いくつ、いくらで買ったのかがわかるデータに関する取り組みも教えてください。

川崎　現在は匿名化されたＩＤ－ＰＯＳデータも取引先様に提供しています。二〇一〇年からコープさっぽろ内部でＩＤ－ＰＯＳデータの分析を始めました。その分析を担当したのが私です。当時は書籍やネット記事でも、ＩＤ－ＰＯＳデータの分析に関するものがない状況でした。その中で自分なりにデータを加工して、そこから見えた事実を集め、取引先様のプロモーション、顧客ごとに商品値引きクーポンを出したり、ダイレクトメールを送るといった施策につなげていました。その活動の中でＩＤ－ＰＯＳデータの価値を確認しながら、一一年からは、要望のある取引先様へのデータ提供も始めました。そして、一五年にウェブを介してＩＤ－ＰＯＳデータが取得できる仕組みを公開しました。

――ＰＯＳデータだけでもできることがたくさんあるけど、ＩＤ－ＰＯＳデータでできることも見えてきたので、プラスアルファで公開しようという感じですか。

川崎　そうですね。ＰＯＳデータでの分析に慣れた取引先様は、ＩＤ－ＰＯＳを使ってさらにＭＤの在り方を追究しています。

――ＩＤ－ＰＯＳデータでさらに上を目指しているということですね。

川崎　でも、ＩＤ－ＰＯＳデータは結構使いづらいのです。例えばＩＤ－ＰＯＳデータで必ずやられるのは商品の購入年代を把握する分析ですが、年代がわかったところでそれをどう商品の拡売につなげるかは小売り側に年代別のプロモーションがないと提案につなげることができません。その中でうまくいった一例を挙げると、二ヵ月に一回ある年金支給日には、年金受給世代の消費が高まるので、その世代が好む商品だけを載せたチラシを投入したところ、かなり売れました。私が販促部門と調査部門を仕切っているからできたことですが、手ごたえがありました。

――それはすごいですね。

川崎　結構ありきたりなやり方ですが、これはＩＤ－ＰＯＳデータの裏付けがあればこその施策でしたね。

――川崎さんがチラシに掲載する商品を全部選んだのでしょうか。

川崎　私が選びました。お店側も年金支給日は売れるということで、独自に高齢者の好むものを選んで仕掛けをしているのですが、それらは暗黙知や経験知によるものです。こちらから、ＩＤ－ＰＯＳデータに基づき選んだ商品を見せると、店長やお店の職員にとっては答え合わせになります。「ああ、やっぱりね」などと言ってもらえますね。

大きな世界観

――ところで川崎さんの前職は、食品を扱う営業でしたよね。

川崎　はい。じつは、前職ではコープさっぽろの営業担当もやっていまして、二〇一〇年にコープさっぽろに出向で来ました。

――会社を超えた出向ということですね。

川崎　そうです。出向時の仕事がＩＤ－ＰＯＳデータの立ち上げでした。ＩＤ－ＰＯＳデータに基づく施策を始めたいから、ＩＤ－ＰＯＳデータをとりあえず分析してくれと、そんな感じでした。

――ＩＤ－ＰＯＳデータの立ち上げをやってほしいとコープさっぽろから言われて来たという感じですか。

川崎　結果的にはそういう形になりましたね。二〇一〇年六月から一二月までそんな分析をしていました。

――川崎さんご自身は、データを分析する素養はすでにあったのでしょうか。

川崎　じつは農学部の博士課程まで行って研究者を目指していましたが、限界を感じてあきらめました。博士号取得後は、研究の世界から足を洗って就職しました。

――大学ではどんな研究を行っていたのでしょうか。

川崎　酪農に関する研究ですが、搾乳《さくにゅう》時に流れている牛乳に光を当てて成分を予測するモデルの開発を行っていました。

――そのデータをご自身で解析することもあったということですか。

川崎　はい、自分でデータを取得し、多変量解析をして予測モデルを作ってそのモデルの精度検証を行うということをしていました。

――大学時代のデータ分析の経験がベースにあるわけですね。

川崎　そうだと思います。ＩＤ－ＰＯＳデータの立ち上げは、偶然、大学時代の経験を生かせる仕事ができたという感じでした。

――私の経歴と似ていますね。そして大見氏が川崎さんの能力を見出して、活躍する場を作ろうと考えたところもすごいことだと思います。

分析力養成講座では競合他社の営業担当者も参加していいという話を聞いたときも思ったのですが、コープさっぽろさんは非常に懐が深いというか広いですね。囲い込むのではなく、みんなが幸せになることを考えているように見えます。

川崎　おかげさまで今は大学のデータ分析教育にも携わらせていただいています。

――川崎さんには私のいる滋賀大学のデータサイエンス学部にもご協力いただいていますね。具体的には、取引先に公開しているＩＤ－ＰＯＳデータを秘密保持契約の下で学生に共有して、学生がメーカーの営業マンの立場で売り上げを伸ばす施策を考える。川崎さんが小売りの立場で、学生のプレゼンを受けるのですが、川崎さんは「学生の提案した施策は基本全部採用する」と宣言してくれています。二〇二一年から始まりましたが、毎年、学生の考えたすべての施策を実際の店舗で採用いただき、効果検証の機会も提供してもらっています。

川崎　二〇二一年にはチョコレートの売り上げを上げるというお題に対しては「お菓子で家を作る」という提案をいただいたのが印象的でしたね。

――さすがにこれは無理だと思ったら、店舗の方々が実際に見本でお菓子の家を作って店頭に置いてくれました。学生は店舗の視察も行いました。彦根から北海道まで行って、売り場見学をして、ＰＯＰやお客さんの導線を観察。その後に段ボール箱に囲まれた臨場感のあるバックヤードで提案発表もしました。

川崎　関西大学では非常勤講師をさせていただいていました。また学生さんたちに北海道まで来ていただいて、お店の品出しなど現場作業に入ってもらい、データの活用と現場の関係を体感してもらったりもしました。

――北海道のローカル企業という立ち位置でありながら、日本全国の小売店やメーカーに影響を与え、大学の教育にも取り組まれている。慈善事業ではなく、大きな世界観で活動されていますね。

川崎　当然、理想もありますが、現実も見ています。じつはマーケティング部自体は分析講座の運営やデータ分析に基づくプロモーションの運営費などをいただいて黒字の部署です。大見からも「本部はコストセンターでなくプロフィットセンターになりなさい」と言われています。

――北海道の中で物を売るというだけの価値観だとシュリンクする可能性もあると思うのですが、大きな世界観で捉えるという方向でビジネスチャンスを拡大しているように見えます。

川崎　我々は北海道から出られないので、いかに北海道の組合員に貢献をしていくかという視点が最も重要です。その結果こうなっていると思います。

データ公開をコミュニケーションツールとして

――話をPOSデータ、ID-POSデータの公開に戻したいと思います。この取り組みをしたことで売り上げはどれくらい伸びたのでしょうか。

川崎　この取り組みがどれほど事業全体に寄与しているのかを可視化するのは難しいですが、

取引先様と一緒に進めるデータ分析に基づく協働ＭＤの取り組みは、我々は非常に恩恵を受けていると感じていますし、今後も継続していくと思います。

——北海道内ではイオングループ、アークスグループ、コープさっぽろが三強と呼ばれていると伺いました。この中でイオンは全国区ですね。

川崎　アークスグループさんも本州のスーパーさんが参画していますので全国区です。

——三強のうちの二社が全国区ということですか。

川崎　普通であれば売り上げ規模が拡大していく全国チェーンに取引先様は重点的に取り組みを行うでしょう。コープさっぽろは北海道から出られないので、一見この点では不利です。それでも我々は取引先様にお力添えをいただきたい、こっちを向いてもらいたい、そういった関係性を太くするという意味で、データ公開が関係性の構築の一助になっていると思います。

——データ公開がコミュニケーションにつながっている。ここが重要かもしれませんね。

川崎　取引先様とのデータ活用という点では、全国小売業の中では特異なポジションを築けているのではないかと思っています。やっている小売業はあまりないと思いますので。

――データ公開に踏み切ったキーワードとしては、経営危機をなんとかしなければという思いがあった。制約条件としては、北海道から出られないというビハインドがあった。このビハインドを乗り越えるには、何か他にないものを作っていく必要があった。

大見氏が思い切った決断をし、行動を起こし、川崎さんを採用し、川崎さんが勉強会を開催し、人材育成まで行っている。そういったことが縦横に広がっているように感じます。大見氏が他の場でも様々な構想を打ち出し、実行することによって、他の企業ではできないような大きな変革が進む可能性もありそうですね。

（二〇二二年一二月二日）

川崎正隆（かわさき　まさたか）
2011年4月、民間企業を経て生活協同組合コープさっぽろに中途入協。16年4月よりマーケティング部部長。関西大学非常勤講師。滋賀大学データサイエンス学部インダストリアルアドバイザー。

▼インタビューを終えて

インタビュー前は、私の関心は、POSデータを取引先へ公開するという大胆な決断にありましたが、インタビューから浮かび上がったのは、もっともっと壮大なストーリーでした。

POSデータを取引先に公開して、取引先にデータに基づく商品展開の提案をしてもらう。まず、この前例のない枠組みを考えた経営者の構想力がすごいです。商品の売り場展開はまだまだ改善の余地がある。勘と経験ではなく、もっとデータを生かせるんじゃないか。でも自社にはそれをやる余裕はない。そういう中で考えて考え抜かれて出てきた策ではないでしょうか。

次に、構想したとはいえ、ＰＯＳデータの公開に伴うリスクやそもそも取引先が協力してくれるか見通せない不安もあったでしょう。それに臆せずに踏み切った経営者の決断力がすごいと思いました。でも、もっと大変だったのは、ＰＯＳデータを公開してからだったと思います。取引先だってデータ分析人材は豊富ではないし、通常業務で忙しい中でデータ分析をやる余裕もなかったでしょう。そういう中で、経営者自身が先頭に立って、取引先から提案を受ける場づくりを進められた。「データ分析に基づく提案は必ず実行する」ことを取引先に約束することで、やれば売り上げにつながるというインセンティブを与え、また、「コープさっぽろの弱点、悪さを必ず指摘する」ことを取引先に促すことで、店舗の現状を否定するような提案も遠慮なくできる心理的安全性が担保されたのです。

大見理事長という経営者は、なぜこれだけのことを成し遂げられたのか考えたくなります。経営危機から立て直すという切迫した状況の中で、絶対に立て直すと自らを奮い立たせ、「うまくいかなかったらどうしようか」といった弱さを克服し、「必ず成功させる」という強い心を貫く、インタビューを通してそのような経営者イメージが浮かびました。そして、大見さんのリーダーシップのもと、川崎さんをはじめとする職員一人ひとりが、大見さんの理念や意志に共鳴し、その活動を発展させている。「我々は北海道から出られないので、いかに北海道の組合員に貢献をしていくかという視点が最も重要です」「我々は北海道におけるデータマーケティングの実験の場でありたいと思っています」という川崎さんの力強い言葉には、小売業の利益という視座だけではなく北海道を豊かにするという高い視座を感じました。消費者と取引先と小売業の三方良し経営スタイルだからこそ、お客さんから愛され、取引先からは有望な若手を託される。コープさっぽろはこれからも強くなっていくのでしょう。

日立造船

――少量多品種型でもＩｏＴソリューションを広げていく

日立造船株式会社は、環境装置、工場設備・産業機械、発電設備などを製造している重工メーカーです。重工メーカーというと、少量多品種型で、ＩｏＴ化していくのは非常に難しいイメージがあります。極端なケース、一品生産ならば、一品ごとに作り込まなければならないからです。そういう壁を日立造船が突破しつつあります。どうやってこの壁を乗り越えようとしているのだろうか？　その舵取りを担う人は？　そういった疑問を解消できれば、同様の業界や企業がデータドリブン経営に進むヒントになるのではとの期待感を持ちながら、ＩＣＴ推進本部で事業ＤＸを進めている山田浩章さんと杉本淳さんに話を聞きに行きました。

ＤＸ戦略三本柱

――まず、具体的事例を伺う前に、日立造船さんがどのようにＤＸを推進してきているのか、その大枠を教えていただけますか。

山田　日立造船の長期ビジョンとして、二〇五〇年に目指す姿『サステナブルビジョン』および二〇三〇年に向けた経営戦略『２０３０ Ｖｉｓｉｏｎ』を策定し、「脱炭素化」「資源循環」「安全で豊かな街づくり」を当社グループの事業分野として、「サステナブルで、安全・安心な社会の実現に貢献」することを掲げています。

また、顧客・市場の課題解決に全力で取り組んだ結果として、二〇三〇年に営業利益率一〇％を目指していますが、その成長ドライバーの一つがＩｏＴ／ＡＩのデジタル活用であると考えています。

――顧客への提供価値を上げる施策としてＤＸがあるという位置づけですね。

山田　ＤＸがその一つということです。

――そして山田さんと杉本さんの所属されているICT推進本部が、その名前の通り、DXを推進されているセクションということですね。

山田　これまでにも当社ではIoTの推進やAIの活用を進めてきていましたが、全社のDXを加速させるための横串機能として二〇二一年四月に「デジタル戦略企画室」を新設するとともに、二一年一二月に全社DX戦略（Hitz DX）を策定しました。このDX戦略は、製品・サービスの付加価値（顧客価値）を向上させる「事業DX」、業務効率化・生産性向上による働き方改革を実現する「企業DX」、さらに事業DXおよび企業DXを推進していくための「DX基盤」の三要素を柱としています（次ページ図1参照）。このDX基盤の強化としては、特にプラットフォームの強化とDX人材育成に注力しています。また、二二年四月には経済産業省が定める「DX認定事業者」の認定も取得しました。

――こうしたDX推進の取り組みはいつごろから始まったのでしょうか。

山田　当時の社長（現・谷所敬《たにしょたかし》相談役）の「これからはITが重要になる」との号令のもとで、二〇一五年にICT推進本部が発足しました。ICT活用の改善要望調査を行うことで全社的な社内のＩＴ関連の課題を抽出し、マイクロソフトＯｆｆｉｃｅ３６５の導入やＥＲＰの更改を進めてきましたが、その過程で、データドリブン経営のための業務データ基盤の「ＳＡＰ　Ｓ／４ＨＡＮＡ」、製品データの収集・蓄積・分析・活用基盤「ＥＶＯＬＩｏＴ《エヴォリオット》」、遠隔監視やＩＣＴ活用の拠点となる「Ａ．Ｉ／ＴＥＣ《エー・アイ・テック》」の三つのデジタルプラットフォームの構築・整備を一八年頃に推進しました。

またそのころ（一八年七月）、デジタルを本格的に推進するための専門家としてＮＴＴデータから招聘した橋爪宗信《むねのぶ》（一九年四月より本部長、現・常務執行役員）のリーダーシップのもとで、守りから攻めのＩＴへシフトしていくことになります。

ＥＶＯＬＩｏＴとは

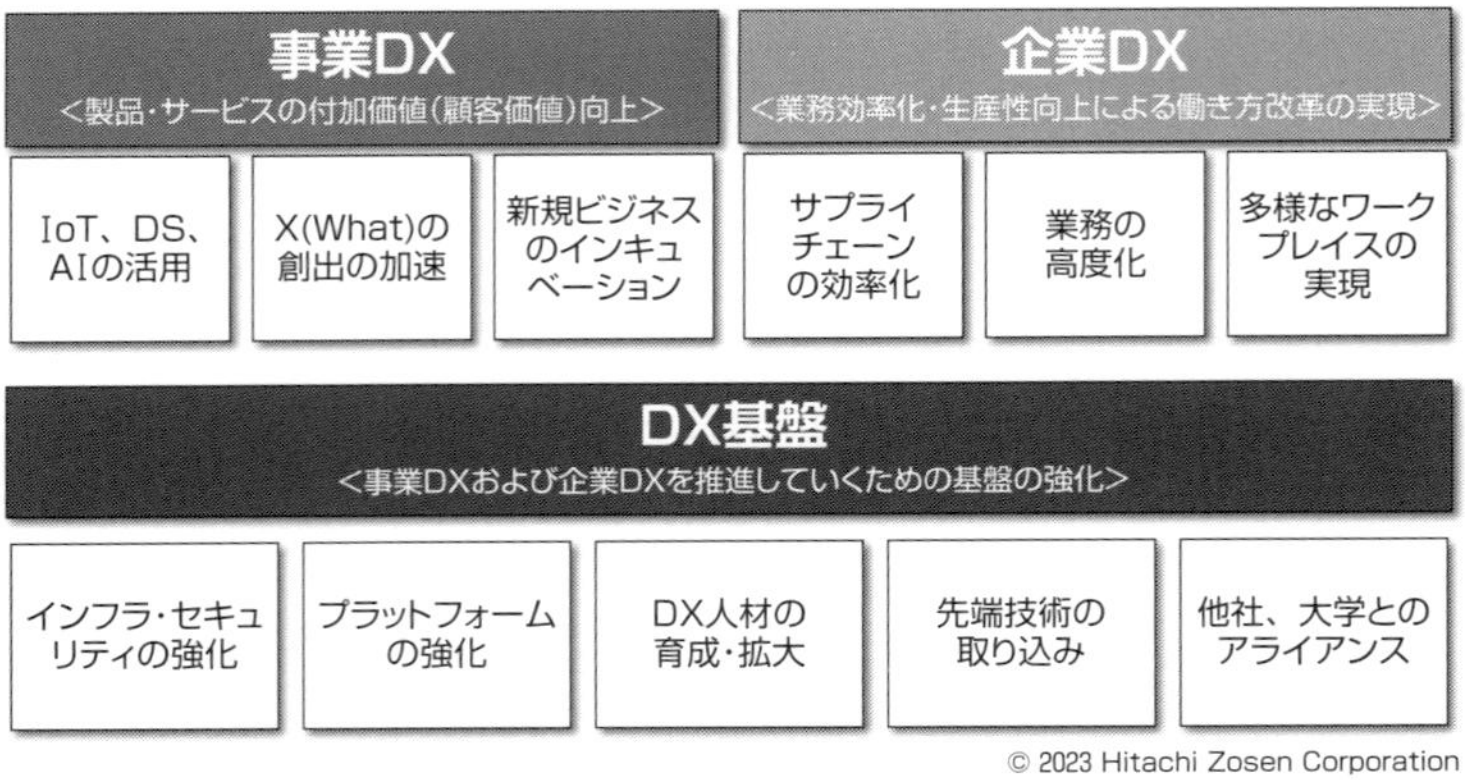

図１　「Hitz DX」の柱となる三要素

――山田さんと杉本さんは、推進本部の中のＩＣＴ事業推進部で、三本の柱の一つである事業ＤＸの担当をされているわけですね。まさにデジタルを利用することで、顧客価値を向上させることに取り組んでおられるわけですが、どのように進められているのでしょうか。

山田　ＩｏＴという文脈でいうと、我々は全社共通のＩｏＴセキュアプラットフォーム「ＥＶＯＬＩｏＴ」を構築して運用を始めています。

――ＥＶＯＬＩｏＴとは、ＥＶＯＬＵＴＩＯＮ＋ＩｏＴということでしょうか。

杉本　まさしくその通りです。山田はこのＥＶＯＬＩｏＴのＩｏＴでデータを集めるシステム系を担当しており、私はその後にデータを活用して分析するチームにいます。

山田　日立造船では様々な製品を製造・販売しており、メインはごみ焼却発電施設、それに水処理施設、舶用エンジン、風力発電設備、シールド掘進機などです。

それぞれでデジタル活用の取り組みが始まってきておりますが、課題も出てきました。重厚長大系の会社ということもあり、ＩＴ人材は不足しており、また事業部ごとでまったく異なる製品を扱っているため、横串での連携の難しさも実感しています。開発面で見ると、今後事業部ごとに別々に開発を進めることによるリスクがありました。

そこで、我々は、Ｈｉｔｚグループ全体のＩｏＴ／ＡＩ活用を加速するためにも全社共通のＩｏＴセキュアプラットフォームであるＥＶＯＬＩｏＴを構築することにしました。

――ＥＶＯＬＩｏＴを作るまでは、ＩｏＴやＡＩなどは事業部ごとに行っていたということですか。

山田 先行している一部の事業部が個々に取り組んでいました。

杉本 先行していたのは資源循環の事業分野であるごみ焼却発電施設で、一〇年以上前から、運営委託を受けている施設の遠隔監視目的でデータ収集を行っていました。

山田 一方、以前のＩＴ部門は本部にはなっておらず、小さな部署で社内のインフラ管理だけを行っていました。

杉本 ごみ焼却発電施設以外でも一部の部門は、データ取得をしていましたが、運転に必要なデータを一時的に取るだけで、データを長期間蓄積し活用していくという取り組みはなかったと思います。

山田　我々は、会社全体のベースを上げることを目標にしています。現状、進んでいるところと進んでいないところの差が大きいので、ごみ焼却発電施設以外の分野から取り組んでいます。

具体的な事例

――それでは具体的な事例についていくつか伺えればと思います。産業機械であるフィルタープレス（ろ過装置）をＩｏＴ化されているのですね。これについて教えてください。

杉本　フィルタープレスの「遠隔監視システム」はＥＶＯＬＩｏＴで行っています。

山田　フィルタープレスは機器の稼働状態を遠隔で監視しながら、月次のレポートを作成してアフターサービスで使っています。フィルタープレス自体は機械・インフラ事業本部のシステム機械ビジネスユニットが取り組んでおり、工場排水などで個体と液体を分離するときなどに使われている装置です。

ＥＶＯＬＩｏＴを導入することで、機器の稼働状態が遠隔で把握できるようになったため、アフターサービスの効率もよくなりました。さらに定期的に監視することによって、問題発生前の対策を提案できるようになりました。機器の稼働データが蓄積されてきたため、事前に兆候や傾向を分析するサービスも一部で始めています。

――遠隔監視システムを入れたことで、それ以前と顧客の関係は変化しましたか。

杉本　これまではお客様から連絡が来るまでは、こちらから声を掛けにくいというのが営業サイドにはあったようですが、このシステムによってコミュニケーションの機会が増えてきました。コミュニケーションにおけるコンタクトポイントが増えたのは価値があると感じています。

――そのメリットは大きいですね。脱炭素化の事業分野では、水素発生装置のＩｏＴ化をされているのですね。これについても教えていただけますか。

山田　脱炭素化事業本部の電解・ＰｔＧビジネスユニットで行っていますが、水を電気分解して高純度の水素ガスを発生供給するオンサイト型水素発生装置「HydroSpring」を製造しています。電力会社などが顧客です。ＩｏＴ化は稼働率を上げることを目的にしています。

――稼働率を上げるとは、どのようなことをされているのですか。

山田　トラブル時の迅速対応などです。

――ＥＶＯＬＩｏＴを活用することで、フィルタープレスや水素発生装置のＩｏＴ化とその活用が始まっているということですね。

杉本　そうですね。ＩｏＴ装置をつけました。データを貯めるところも作ります。それを見えるようにします。こうしたことを一つの部門だけでやるにはかなりパワーが必要で、お金もかかります。一方、我々はその基盤もＩｏＴ装置も準備しています。事業部に「どうですか」と提案したら、「それはいいね」となって、社内でどんどん加速している状況です。

「ＩｏＴ、始めました」のチラシから始まるストーリー

――フィルタープレスや水素発生装置のＩｏＴ化は、誰が最初に手をあげたのでしょうか。事業部でしょうか。それともみなさんが提案したのでしょうか。

杉本　ケースバイケースですね。事業部側の機運が高まって我々のところに相談にくるというケースもありますし、我々のほうからどんどん発信して、反応があるところに出向いていくこともあります。

――社内提案営業みたいなこともやっているんですか。

山田　「ＩｏＴ、始めました」のチラシを作って各事業所の掲示板に掲載しました（図2参照）。

――このチラシ、いいですね。手作り感が最高です。この「Ｈｉｔｚ内製システムなので非常に〝低コスト〟かつ〝高い拡張性〟を持ちます」というところが響きます。

山田　もちろん共通化は進めたうえで取り組んでいるのですが、個別対応が若干出てくること

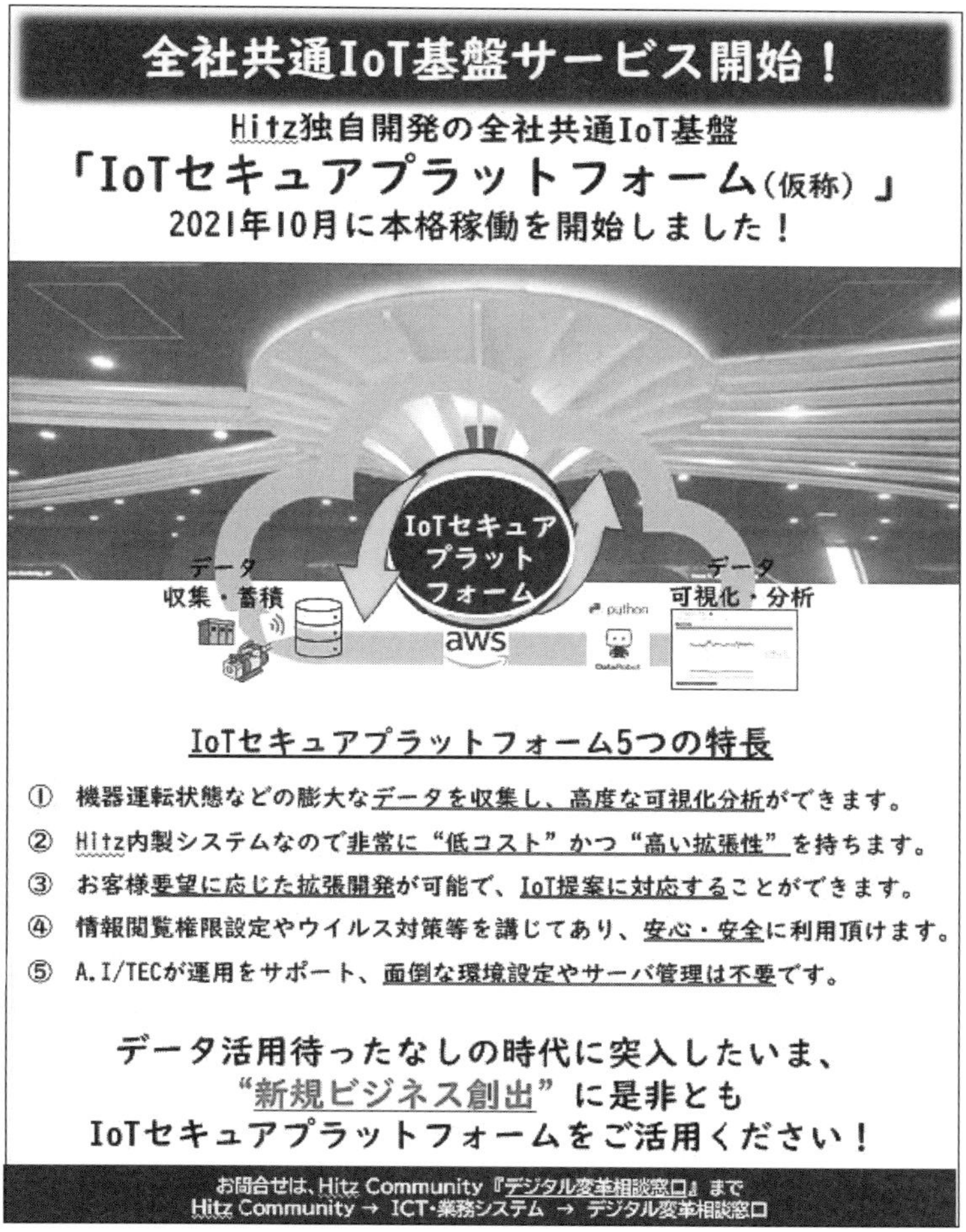

図２　「IoT、始めました」チラシ

があるのです。フィルタープレスと水素発生装置も取っているデータが違うので、一個のプラットフォームを作ったからといって、同じシステムで適用できることはまずないということがわかっていました。このため、極力内製システムにしています。

――このチラシから始まるストーリーを教えてください。チラシの下に――お問合せは、Ｈｉｔｚ Ｃｏｍｍｕｎｉｔｙ『デジタル変革相談窓口』まで――と書かれていますが、実際に事業部から問い合わせが来たらどうなるのでしょうか。

山田　事業部から相談に来たら、内容を聞いて、実際にＩｏＴ基盤が使えるようでしたら、要件ヒアリングをします。我々としてベースはこれがありますといった話をしつつ、必要に応じてカスタマイズしますと説明します。どんなデータ項目がどれぐらいの周期で来るかなどを聞いて、収集データの標準化も検討しています。

――標準化はどれくらいのレベルでされるのでしょうか。

山田　施設間で共通の項目があるところは、項目名を揃えるといったことを行うことで、施設横断で比較できる仕組みづくりを事業部と一緒になって考えています。

――やはり品目が多いというのが、日立造船さんの大変なところですね。

杉本　ええ。そうですね。

――その構築は、誰が行っているのでしょうか。

山田　基本、社内でプロジェクトチームを作って推進しています。プロジェクトチームの中には、現場のデータ収集、データ蓄積、データ可視化、分析、運営などのチームがあり、我々だけでは足りないので、開発パートナー企業にも入ってもらっていますが、あくまでも日立造船の人間が中心となって開発しており、開発パートナーにはノウハウは教えてもらうのですが、最終的に作るのは我々というスタンスです。

――構築の予算はそれぞれの事業部が負担するのですか。

山田　社内におけるＩｏＴ／ＡＩの活用を加速させるために、ＥＶＯＬＩｏＴの構築は全社の予算で進めています。製品ごとのコストを把握できる仕組みは構築していますので、将来的には事業部ごとの使用量に合わせて分配することを考えています。

内製化という方針

――チラシにも内製が謳われていますし、さきほど「最終的に作るのは我々というスタンスです」と言われました。内製化ということはかなり意識をされているということでしょうか。

山田　はい。実際に橋爪がデジタルの専門家として二〇一八年に日立造船に加わってから、これまでのアウトソーシングから一気に内製化の流れが強くなったのは事実です。橋爪は「デジタル分野はこれからの収益源になり得るのに、全部外注したままだと、永遠にコストばかりが発生する」。また「我々がコアを取らないところは外注でいいが、コアを取れるところは内製化しよう」とも語っています。ですからここは苦労してでもいいから内製で作ろうということです。

――コアを取る部分は内製化しようということは、まさに日立造船さんが掲げている「顧客価値の最大化」を実現というところと関わってくるわけですね。

杉本　「特にこれからデータが価値になっていくだろう。そうなったときに、外部のプラットフォームを使って、そのプラットフォームの中にデータが全部あるというのはよくない。我々が内製化しながら、しっかりと管理していこう」ということです。

――これだけ多種多様なものを扱っていたら、プラットフォームに対して相性が悪いような気がします。そういう意味では、ものすごくチャレンジングなことをしていると思います。その他の事例も教えてください。

山田　食品充填機やシールド掘進機などがあります。また、我々の工場の熱中症対策として、工場内の設置環境センサーの可視化も行っています。

ほかには、我々が運転委託を受けている汚泥再生処理センターの効率化を図るために、データ分析による電力の最適化を始めました。

――汚泥再生処理センターで消費する電力の削減を目指しているということですね。これも全社共通のIoTセキュアプラットフォーム、EVOLIoTで行っているのでしょうか。

杉本　はい。今は分析側を先行しています。分析できることが見えてきたら、データ収集・蓄積からデータ活用（分析・可視化）、分析結果による意思決定、アクションまで一貫して進めようとしています。

――ＩｏＴデバイスは、基本は後付けしているのでしょうか。

杉本　ええ。汚泥再生処理センターなどでも毎年新しい施設やリプレース施設の話があると、我々も提案を行うようにしています。新規から入ると、最初からＩｏＴデバイスを設置できるのでいいのですが、今はまだ後付けが多いので苦労しています。最初から設置できれば、コストも変わってくるのですが。

――これは結構なチャレンジですね。日立造船さんの場合は一品一品対応の製品だけに、管理が大変ではないかと思います。

杉本　今はまだ導入が少ないので見えていないこともあると思います。もっともっとつながっていくと課題がどんどん出てくるようになるでしょうね。一つの施設に対して、そこにマッチするものをどんどん導入して、これが横展開できるモデルであればいいのですが、モデル自体を変えないといけない可能性もあります。極力共通にしようとはしているのですが、可視化画面なども要求がそれぞれ違うと、結局、施設の数だけ作らないといけないということになります。

EVOLIoT詳細

――それではEVOLIoTの詳細について教えてください。

山田　図3がシステム構成図になるのですが、左側が現場側の製品になります。我々の製品のほとんどにPLCやDCSといった制御装置が入っていますので、現場にIoTゲートウェイ（IoTG

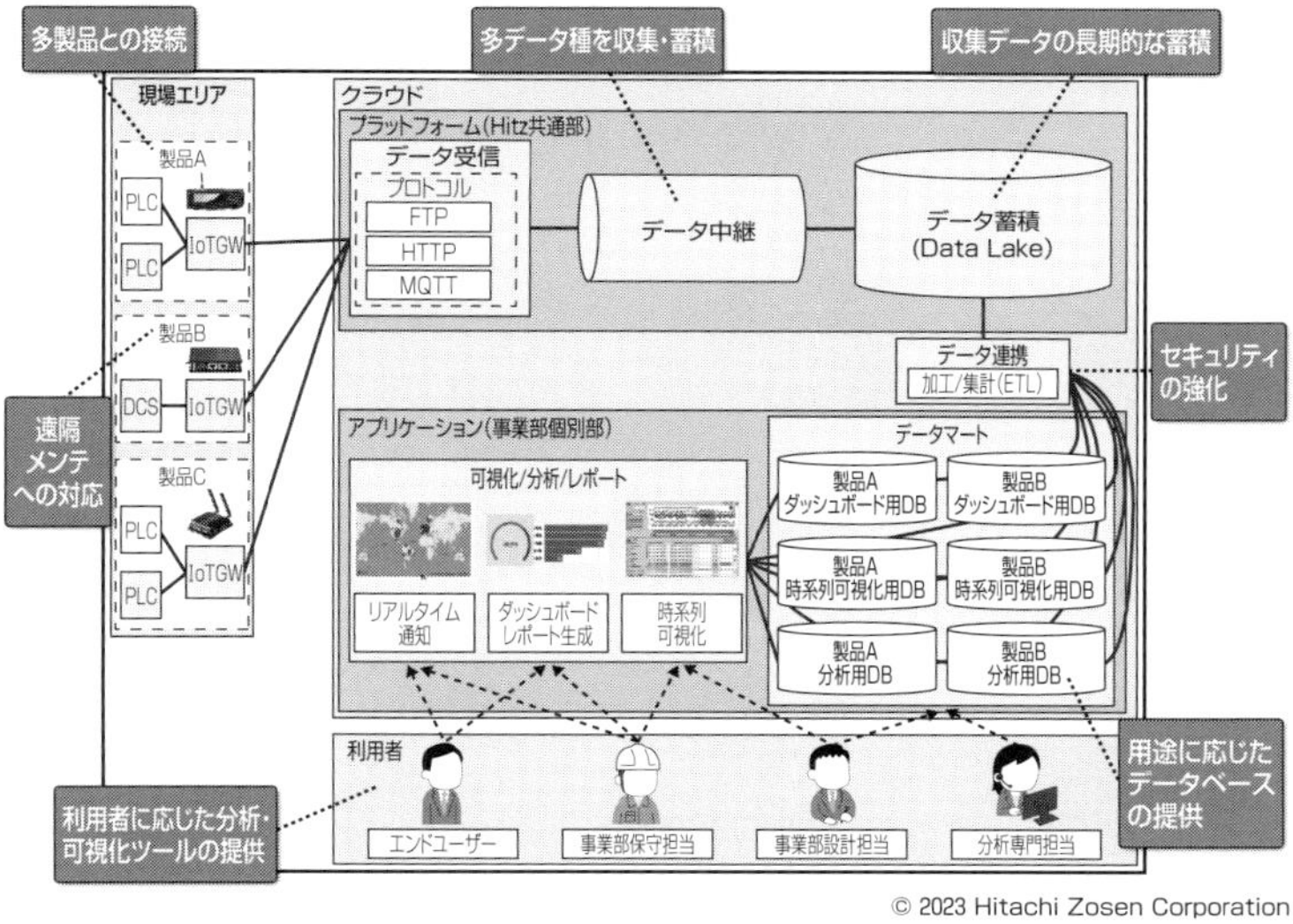

図３　EVOLIoTの特徴

W）と呼んでいる小型PCを設置してデータ収集を行っています。

――そんなに簡単に既存のPLCにIoTゲートウェイがつなげられるものなのでしょうか。旧型のものでも大丈夫ですか。

山田　旧型のPLCでもある程度のものがつながる機器を選定しました。IoTゲートウェイはモバイル通信機能を持っているので、ネットワーク環境がないところでも収集データをクラウドに送信することが可能です。

――新しくセンサーを付けるときはどうなるんでしょうか。

山田　基本的にはセンサーはPLCに接続してもらい、IoTゲートウェイはPLCからデータを収集し、クラウドに送信しています。

――既存のものに後付けできるわけですね。私が事業部の担当者だとして、みなさんに相談した場合、設置も含めてみなさんがやってくれるのでしょうか。

山田　設置は事業部と一緒にやっています。現地工事は事業部にお願いしています。

――構築していくうえでの要はなんだったのでしょうか。

山田　汎用性と拡張性というところを重視しました。

――汎用性が高いか低いかは、どういったところで変わってくるのでしょうか。

山田　どれだけ多くの製品に対応できるかだと思います。世の中にはＩｏＴのプラットフォーム製品がたくさんあるのですが、我々が扱う製品は製品ごとにセンサー数、収集間隔などが違うため、どうしても対応が難しいところがあります。そのため、我々が柔軟にカスタマイズできることを重視してきました。

――また別のことをしようと思ったときにも、汎用性と拡張性があれば、柔軟に対応できるということですね。

山田　蓄積されたデータを可視化する手段として、ThingWorxというソフトを使ってダッシュボードを構築しているのですが、より高度な可視化分析を行うツールとしてＢＩツールも採用しています。今後、用途に合わせて増やしていきたいと思っています。

――たしかにお話を伺っていると、大変でも内製化して自分たちでシステムを作り上げていく良さが見えてきますね。

石塚　結局、個別にベンダーにお願いしてしまうと、ベンダーロックインしてしまい、中身が何か全然わからなくなります。そうなると、製品ごとに別のシステムを作ることになってしまう。この点でも内製化がいちばんいいということになります。

――外製化してしまうと、ある特定のパッケージを買うということだけではなく、そのパッケージの上流側や下流側との接続部分も作り込まれてしまうので、新たな別のパッケージを入れようとしたら、大変なことになってしまう。これがベンダーロックインと呼ばれるものですが、内製化して自分たちで汎用性と拡張性を持てれば、選ぶということができる。

石塚　そういうことです。

——今すごくクリアになりました。ここが内製化のポイントですね。内製化することによって、ベンダーロックインせずに、柔軟に作っていけるし、クライアント側が要望する仕様に合わせて柔軟に対応できるということですね。内製化すれば、フレキシブルに対応できる、かつ全体最適も図れる。それが劇的にみなさんの強みにつながっていることが理解できました。

ＤＸ人材育成

——先にＩＴ人材の不足という話がありました。ＤＸ戦略三本の柱の中で人材育成ということもあげられていますが、どのように進められているのでしょうか。

山田　当社では、一四三年にわたり技術を強みとして社会課題の解決に取り組んできましたが、Ｂ２Ｇ（企業と政府・自治体間の取引）・Ｂ２Ｂ（企業間取引）という事業特性上どうしてもプロダクトアウト的な発想が強く根付いていました。昨今では顧客ニーズが多様化し市場も急激に変化していますが、このような中で従来のプロダクトアウト思考からマーケットインへのマインド変革が必要と考えています。

そこで「顧客への提供価値」について徹底的に考えるために「デザインシンキング」を中心

において「ＤＸリーダー研修」を企画・実施しています。この「ＤＸリーダー研修」は、全社から選出された次期事業責任者クラス（年間一〇〇名規模）を対象としており、前半はインプットフェイズ、後半は具体的なＤＸアイデアの創出に向けたワークショップからなる、約一年間にわたる施策です。これらの取り組みにより、二〇二五年度末までに五〇〇名のＤＸ人材の育成をＫＰＩとして掲げています。

――まずリーダーを作りだすということですね。

山田　一年目（一期生）では、ＤＸリーダーの一人ひとりがＤＸアイデアを考えるスタイルだったため、企業ＤＸに寄ったアイデアとなりました。二年目（二期生）では事業ＤＸに特化し、さらに製品・機種ごとのグループでディスカッションを行いＤＸアイデアの検討を行いました。これらの創出されたアイデアは、経営層に向けた報告会で発表するとともに、事業本部の重要度・優先度に照らして具現化していこうとしています。

――その研修の最終ゴールはなんでしょう？

山田　なんといっても、将来の日立造船を牽引する新たなビジネスの創出です。その過程で、常に顧客視点で考える人やネットワークを作ること（文化の醸成）も重要だと捉えています。

――この研修もICT推進本部長の橋爪氏の発想でしょうか。

杉本　はい、そうです。

――日本企業によくある話なのですが、DX推進部みたいな部門を作って、そこにトップがプレッシャーをかけて、DXを進めようとした。しかし、事業部のほうは本気にならないというケースが結構あります。経営側のサポートもあるのでしょうか。

杉本　社長、会長含めたトップダウンからのメッセージは多いと思います。

山田　年頭あいさつなどでも全製品にIoT、AIを組み込むというような話をしています。

――トップとボトムはやる気があるが、真ん中が壁になっているという話はどこの企業でも言われている話ですが、日立造船さんではいかがですか。

杉本　それは、やはりありますね。そこで研修も、まず壁になりうる中間層に対してやり始めました。実際にやってみて、全員が前向きかというと、そこには多少の温度差はあると思います。でも、やらないと始まらないので、まずは中間層に対して、大胆に始めたというところです。

——今日は貴重なお話をしっかりと聞かせていただき本当にありがとうございました。内製化というのがやはり鍵ですね。いろいろ悩みも聞かせていただきましたが、内製化しないとそういった悩みも持てなかったのではないかと思いました。みなさんが悩みながら努力していること自体がみなさんの競争力につながっていると思いました。

（二〇二二年一〇月一三日）

山田浩章（やまだ　ひろあき）（右）

1997年、日立造船情報システム株式会社入社後、事務処理系システム開発に従事、2010年4月、日立造船株式会社に転籍、GPS波浪計のシステム開発を担当、その後、15年4月、ICT推進本部ICT事業推進部に異動、16年4月より同部署のIoTシステムグループ長として社内製品に対するIoT活用を推進。

杉本淳（すぎもと　じゅん）（中）

2001年、日立造船情報システム株式会社入社後、高精度GPS測位システムの開発・運用に従事、10年4月、日立造船株式会社に転籍、GPS波浪計のシステム開発を担当、15年4月、ICT推進本部 ICT事業推進部に異動、16年4月より同部署の情報科学技術グループ長として社内製品に対するデータ分析・活用を推進。

石塚諒一（いしづか　りょういち）（左）

2019年、日立造船株式会社に入社、ICT推進本部 ICT事業推進部 情報科学技術グループにて社内製品に対するデータ活用業務に従事。

▼インタビューを終えて

ＩｏＴサービスを立ち上げるために、全社共通プラットフォームを作る。発想それ自体は、誰でも考えそうなことです。でも、実際にプラットフォームを作ってもサービスの展開につなげるのは容易ではありません。特に、重工メーカーの場合は、販売する製品が少量多品種なため、プラットフォームの共通化は困難です。そのような困難を日立造船は乗り越えて、様々な製品のＩｏＴ化を進めています。

なぜ日立造船は成功しつつあるのか。その鍵は、チラシにも謳われていた「内製システムなので非常に〝低コスト〟かつ〝高い拡張性〟を持ちます」というところにあります。多くの大企業では、ITをアウトソーシングしています。ITで作りたいものをあらかじめ確定できる場合はよいですが、IoT基盤のように様々な要望や新たな要望に応えなければならない場合は、アウトソーシングするとベンダーロックインされて柔軟に対応できない、コストを払い続けなければならない、だからうまくいかないのでしょう。

でも、内製化することは容易なことではないです。日立造船も、かつてのIT組織は社内のインフラ管理だけをされていた。そのような組織と内製化の間には、組織文化や人材に大きなギャップがあります。それを乗り越えて内製化を推進できたのは、NTTデータから招聘された橋爪氏の手腕が大きいと感じました。経営という視点からITを考えられる人材を役員として迎えた、そこに日立造船のIoTストーリーの原点があると思いました。

なお、日立造船は、二〇二四年一〇月に社名をKanadevia（カナデビア）へ変更することを予定されています。新社名には、調和をもって美しく「奏でる」という日本語と、切り拓く「道」というラテン語が融合されているそうです。〝奏でる要素〟の一つとしてICT・デジタルを強みとし、「グローバルデジタルカンパニー」を目指したいと言われていました。

ヤマト運輸

——外部人材をＤＸリーダーに登用して加速する

二〇一九年に、ヤマトホールディングス株式会社がＤＸ改革の推進役として中林紀彦さんを迎えた、とのニュースを読みました。正直、各社がＤＸを思ったように進められずに苦しむ中で、外部から推進役を迎えてうまくいくのかなと思いました。

その後三年経ち、私のその懸念は払拭されるほど、着実に改革を推進されています。でも、だからといって優秀な外部人材を推進役として迎えさえすればうまくいくという話ではないだろう。きっと、ヤマト運輸の中に、中林さんを迎えることで改革が進む土壌もあったのではないだろうか。それを探りたく、中林さんに話を聞きに行きました。

なぜヤマトグループに転職したのか

――ヤマト運輸さんは、「現場で汗をかく」会社というイメージを持っていたので、もともとはデジタルからちょっと距離がある会社ではないかと思っていました。

それがここ三年ぐらいで中林さんもいらっしゃって、一気にデジタル化を進めているという話を聞いて、なぜそんな急にデジタルへの舵取りができたのか伺いたくてやってきました。もちろん実際は、いろいろご苦労されているところ、思ったようにはいかないところもあるとは思いますが、それも含めて伺えればと思います。

そこでまず、今まで中林さんの下でデータドリブン経営として実現してきたことをお聞かせ願えますか。

中林　なぜヤマトグループがデータドリブン経営を推進しているかについて、私自身の経歴を含め、順を追ってお話ししたいと思います。

私は、二〇一九年八月にヤマトホールディングスに入社しました。その前の職歴は、アルプス電気（現・アルプスアルパイン）に新卒で入社し、データ活用の仕組みを作る仕事に就きました。そこで感じたのが、グローバルに販売拠点、製造拠点があるにもかかわらず、データがリアルタイムに集まっていなかったということです。四半期ごとの決算で報告書を提出するために、グローバルからデータをかき集めている状態でした。

当時、経営会議などにも参加したことがありましたが、数字を見ず、定性的な内容に基づいて意思決定がされていく過程を見ながら、「もっとリアルタイムにデータを連携し、データに基づいた意思決定が必要ではないか」と、考えていました。

そこで、もっとテクノロジーの知見を身につけたいと考え、日本ＩＢＭに転職しました。そこでは一三年間、データベースやアナリティックスなど、主にデータに関わるテクノロジーの仕事を担当しました。

そのころの印象として残っているのは、「ハーバードビジネスレビュー」（二〇一二年一〇月号）にトーマス・Ｈ・ダベンポートが「データサイエンティストほどセクシーな職業はない」という論文を出したことです。データサイエンティストは今後重要な職業になると自分でも再確認しました。

日本ＩＢＭでは、大手銀行、大手自動車会社からスタートアップまで含めて一〇〇社ぐらいの方たちといろんな議論をしながら、日本ＩＢＭが展開するソリューションを活用しながらどのようにデータをビジネスへ取り入れていくかを検討するというお手伝いをしました。

そうしているうちに、自身でも事業に携わりながら、データを扱いたいと思うようになり、オプトホールディング（現・デジタルホールディングス）のデータサイエンスラボに転職し、インターネット広告のデータを活用した新しい事業の起ち上げを担当しました。その後、SOMPOホールディングスがデジタル戦略部という組織を起ち上げる際に声をかけてもらい、データベースの基盤構築や、データに携わるメンバーのチームビルディングを任されました。その後ご縁があり、ヤマトホールディングスに入社しました。

ヤマトグループに入社した理由の一つは、当時、豊富なフィジカルリソースを持っていたことです。これまでの経験を踏まえても、フィジカルとサイバーをうまく組み合わせ、いろいろな施策や経営に活用できている企業は、過去に例を見ないと思っていました。そこでフィジカルとデータの掛け合わせで新たな価値が生まれるのではないかと考えました。

もう一つは、ヤマトグループで会社全体の大きな構造改革「YAMATO NEXT100」をプランニング中だったことです。次の一〇〇年に向けたグランドデザインを策定し、構造改革を目指している最中で、その中でデジタルやデータを活用し様々な価値提供ができる可能性に魅力を感じました。

――では、「YAMATO NEXT100」は、中林さんが入る前にはすでにあったんですね？

中林　社長室で経営構造改革プロジェクトを起ち上げ、いろいろな課題抽出や、問題整理を行っていました。

そして二〇一九年四月に、当時ヤマト運輸社長の長尾裕が、ヤマトホールディングスの社長に就任し、ヤマトグループ全体の構造改革を断行すると意思決定しました。当時の経営課題をどう解決するかということを二〇一九年から一年かけて議論し、その結果、戦略として整理したのが経営構造改革プラン「YAMATO NEXT100」です。

私がそのプロジェクトに参加したのは、議論の途中の二〇一九年の八月でした。社長室の下で、経営構造改革のデジタル領域、特にデータドリブンに関するプランニングを任されました。

——今の時代、どこの会社のどんな経営者も、デジタルとかデータドリブンというのはみんな言います。しかしそういった文言が経営計画に入っても、実際は外形的に辻褄を合わせるような行動になってしまって、本気を疑うことが多い。それがヤマトグループの場合、本気だったということですね。中林さんご自身は、入社当時の経営者の本気度について、どのように感じていましたか。

中林　複数の経営陣と入社前に話す機会がありましたが、会社を変えていかねばという危機感を強く感じました。経営陣の強い意志を確信できたので、私は入社を決めました。

——ということは、経営者自身が本気だったということですね？

中林　そうですね。

――そうして「YAMATO NEXT100」ができあがっていった。

中林　「YAMATO NEXT100」には、三つの基本戦略があります。一つは、お客様と社会に向き合ったカスタマーエクスペリエンスを大事にするということ。二つ目が、データドリブン経営に舵を切るということ。三つ目が、自前主義にこだわらず、パートナーやスタートアップ企業など、いろいろなプレーヤーの方たちと新しい物流のエコシステムを構築していくということ。それは、時代のスピード感や柔軟性に合わせるためです。

この三つの基本戦略を実現するために、三つの事業構造改革「宅急便のDX」「ECのエコシステムの確立」「法人向け物流事業の強化」と、三つの基盤構造改革「グループ経営体制の刷新」「データドリブン経営への転換」「サステナビリティの取り組み」を掲げています。

――「グループ経営体制の刷新」とは、組織の形を変えるということですか。

中林　当時は、宅急便事業を担うヤマト運輸、法人向け物流事業を担うヤマトロジスティクス、国際輸送を担うヤマトグローバルロジスティクスジャパン、決済事業を担うヤマトフィナンシャルなど、機能ごとに事業会社があり、同じお客様にそれぞれの事業会社が向き合っていました。ワンヤマトとしてお客様に向き合うため、二〇二一年四月に事業会社八社をヤマト運輸に統合しました。

「データドリブン経営への転換」では、五つのデータ戦略に基づき、プラン・実行していきます。「サステナビリティの取り組み」では、私たちは、多くのパートナーやお客様の行動変革に関わり、持続可能な物流やビジネスモデルを創造する使命があると認識しています。

――中林さんは「YAMATO NEXT100」には具体的にどのように関わられたのですか。

中林 前述の経営課題の中で、デジタルやデータと関係の深い課題について、何が必要かを議論しながら戦略を整理しました。それが基盤構造改革の「データドリブン経営への転換」であり、五つのデータ戦略を掲げました。

――会社の基盤構造を変えていくというのは、言ってみれば、自分の体を大改造するようなものです。そこまでするのは相当な覚悟だったと思いますが、ヤマトさんがそれをしたのは今回が初めてだったんでしょうか。

中林　これまでも時代に合わせて改革してきましたが、ここまでの大改革は、少なくとも一九七六年の宅急便開始からは、初めてだと思います。

――先ほどこのままじゃダメだっていう危機感が改革のドライバーになったとおっしゃっていましたが、危機感というのはもう少し具体的に言うと、たとえばそれはこのまま放っておいたら全部外資にやられてしまうぞとか、このままいったら人手がなくなって、リソースが回らなくなるといったことでしょうか。どういった危機感が構造改革へとつながったんでしょうか。

中林　一つの要因ではなく、お客様のニーズの多様化、進展する産業のEC化、労働人口の減少、地域の過疎化、気候変動といった社会の急速な変化に、このままでは十分に応えきることができないのではないか、という問題意識が強かったと思います。組織を作って何かを変えるのではなく、構造改革を進める中で、改めてデザインした基盤を組み込んで会社を変えていくことに、納得しました。

――多くの企業で、DXをしていくことが目的になってしまうことが多い。まさに手段が目的化してしまって、組織を作って人を集めるというのはありがちですね。もちろんヤマトさんも、組織を作っ

て人を集めているところは、見た目は同じかもしれませんが、実際は経営者の危機感から生じた本気の構造改革をしたいという思いがある。だから手段が目的化しているわけではなく、目的に対しての手段になっているということですね。

中林　そうした経営者の危機感が、改革のスピード感につながっている部分はあると思います。

「YAMATO NEXT100」とデータドリブン経営

——ちなみに、中林さんがデータドリブン経営を進めるにあたり、実際にやるべきことを提示されたときに、こんなことまでやらなきゃいけないの？　といったような抵抗はなかったですか。

中林　まずベースのインフラを整備することに主眼を置きました。そのため、課題に直接リーチするような具体的で大きいインパクトを持ったプランは提示できませんでした。先ほどお話ししたように、当時は機能ごとに事業会社があり、事業会社ごとにシステムがあるという形でした。データはもちろん、デジタル基盤もばらばらでした。だからまずはベース作りから始め、その後に具体的に仕事を進めていく過程で、やりたいこととできることのギャップはありました。

——「YAMATO NEXT100」を実現するためのデータ戦略として、

①データドリブン経営による予測に基づいた意思決定と施策の実施

②アカウントマネジメント強化に向けた顧客データの完全な統合

③流動のリアルタイム把握によるサービスレベル向上

④稼働の見える化・原価の見える化によるリソース配置の最適化・高度化

⑤最先端のテクノロジーを取り入れたデジタルプラットフォームYDPの構築と基盤システムの刷新に着手

の五つを立てられた。

中林　その五つの戦略が「YAMATO NEXT100」を実現するために優先的に目指すべき重要なポイントです。

まず⑤については、デジタルのクラウドの中にデータ活用できるプラットフォームの基盤を作るということです。もちろんそこにはクラウドの環境だけではなく、デジタル人材を採用・育成し体制を作っていくことを含めています。

②から④については、ヤマトグループのデータには、「お客様」「宅急便を含めたサービス」「運ぶリソース」と大きく三つあり、それぞれを統合・整理して活用できる状態にするということです。

④は、リソースの最適配置を推進するため取り組んでいます。最終的には一個の荷物を運ぶために、「どのぐらいのコストがかかっているかについて」解像度を高く可視化したいと考えています。そのためにはやはりデータを整理していく必要があります。なかでも、いちばん重点を置いていたのは、データ分析に基づく業務量予測です。予測モデルに基づき人や車などのリソース配置を精緻化していくことを目指しました。

——実際に三年経って、ある程度実現してきている感じでしょうか。

中林　クラウドの基盤整備をして、一定のデータは蓄積しています。データモデルを仮説検証しながら少しずつ実際の運用に貢献できている段階です。

——データの可視化はどのようなことをされているのですか。

中林　TableauとPower BIを使って、現場にデータ提供しました。もちろん使われていない無駄なデータもあるので、適宜棚卸しはします。

それを現場の担当者が見て、業務の効率化や、新たな気づきが出てくることを期待しています。そのために現場からのリクエストに応えて、欲しいデータは全部提供するというスタンスでやっています。結果、使われないデータもありましたが、そうやって試行錯誤を繰り返しながら、現場がデータの扱い方に慣れてくると、だんだん施策のために必要なデータがわかってきます。大切なのは、現場でデータを使う人の成熟だと思います。

——中林さんが来られる前は、そうしたBIツールはまったくなかったんですか。

中林　CSVでデータをとって、エクセルで前年比の比較などはやっていました。

金は出すが口は出さない

——それにしても、すごいと思うのは、中林さんの直属の部下だけでも約八〇人（二〇二二年取材当時）、人件費だけでも大きい投資だと思うのですが、経営者もそれだけの覚悟をしていたということですね。

中林　経営陣が覚悟してデータドリブンやデジタルの仕組みに投資したというのはあると思います。費用対効果も含め結果を出す必要があります。我々の組織の価値提供というのは何だろうと、メンバーとよくディスカッションしています。

――最近は費用対効果も問われ出しているんですね。

中林　日本企業で私たちのようなデジタル組織を持つときに、どのような観点で投資して、どのようなリターンで評価すればいいか、という基準を持っている企業は少ないと思います。だからそこにチャレンジし、しっかり経営に貢献したいと考えています。

――一方、そもそもデータドリブンというものは、会社という組織の基盤そのものですから、そこに個々のＲＯＩを求めていくのはおかしいのではないかという気もしますが、どうお考えですか。

中林　これは人事、総務、広報含めてですが、やはりコーポレート部門でも価値に対しての投資というのは会社として判断するべきだと思います。日本企業に比べて、外資系企業はその点がかなりデザインされていると思います。

――なるほど。

中林　私たちもちゃんと何に対して貢献しているかということと、そこに対しての体制をもう一度整理する必要があると考えています。

――つまり、ありがちなＲＯＩですべてを説明しろといった話ではなく、データドリブンな経営を支援していく組織という存在意義を、説得力を持って、いかに語るかということでしょうか。

中林　そうです。

――そこは多くの企業でも悩んでいるところだと思うので、ぜひ模範解答を作っていただいて、他の企業の人に広めたいですね。

ところで、中林さんの組織はいくつかのチームに分かれているのですか。

中林　四階層にしています（取材当時）。ベースの階層がクラウドのなかでアーキテクチャをデザインして実装するデジタルプラットフォームを作るチームです。その上がデータマネジメントチームで、データの整理を担っています。そこではデータコンシェルジュの役割があり、データサイエンスチームから仮説検証のリクエストを受けて、会社中探し回ってデータを用意するといった地道な作業やガバナンス、セキュリティーも担当しています。その上の階層がデータサイエンスチームです。ＣｏＥ（Center of Excellence）の機能を持ち、ＡＩを使った複雑なモデル開発や各部署に横串を刺す機能を担当しています。さらにその上がフロントで、各ビジネスサイドに対応しています。

予測精度の向上

――実際に成果の上がっていることについて、具体的に伺いたいと思います。たとえば業務量予測について精度はどのくらい上がってきているのでしょうか。

中林　定量的なお話はなかなか難しいですが、順を追って説明します。まず外部ベンダーと一緒に初期モデルを作ってシステムリリースしたのが二〇二〇年の春でした。ちょうどコロナ禍に突入したときだったので、状況を注視しながらモデル運用をしました。

宅急便の営業所が全国に約三三〇〇ヵ所ありますが、営業所ごとのデイリーの予測を三〜四ヵ月先ぐらいまで算出しています。
営業所すべての精度を一度に上げるのはなかなか難しいので、今は主管支店（全国八九ヵ所）レベルで精度を高くすることを目指しています。コロナもだいぶ落ち着いてきたので、データ自体も安定し、精度が上がってきました。
また並行して、ＭＬＯｐｓのモデル構築から改善、テスト、運用までを自動化しました。

——ＭＬＯｐｓは、機械学習運用（Machine Learning Operations）の略称ですね。機械学習モデルも放っておくと陳腐化するのでどんどん更新していく必要がある。

中林　そのモデルの更新をマンスリーからウィークリーにしようとしています。

——ヤマトさんでは、営業所それぞれにどれだけの人と車を配置するかというのが、すごく大切な意思決定になるわけですね。それを機械学習を使いながら精度を上げていく。すると、まず機械学習ソフトを使って主管支店の単位で予測を出して、それを軸足にしながら営業所ごとにどれだけ人と車の配置をするかという部分は、現場の方の勘と経験を生かすという感じですね。

中林　実際に自動化によってモデルのアップグレードも頻繁にできるようになったので、一年間で予測誤差が五五パーセントぐらい改善しています。

――業務量予測以外で機械学習を使ってアウトプットされているものはあるのですか。

中林　いまのところ機械学習が活用できているのは業務量予測だけです。

今後は、たとえば自然言語系のハンドリングなどを検討しています。多くのセールスドライバーから、現場での気づきの声がいっぱい集まってきます。そこで、その声を拾って分析することで、いろいろな営業ネタをレコメンドするといったことを考えています。

ほかには、現場にカメラを設置して、どの作業にどのぐらい人やコストがかかっているかを画像解析でできないかということも考えています。

――セールスドライバーの方のＧＰＳの情報で、車に乗っているのかどうかとか判別できそうですし、ある程度現場の一人ひとりの分解度で、どの時間に移動しているか、お客さんと接しているかはわかりそうですね。

中林　セールスドライバーの動作はかなり細かく把握できています。約五・五万台のトラックに設置しているドライブレコーダーからもデータが取得できますし、携帯しているスマートフォンからもデータが取得できます。営業所や、中継地の仕分けターミナルでの作業データを把握することは今後の課題です。

うまくいく人はどこが違うのか

――私も前職時代何回も経験したのですが、ヤマトさんも現場仕事の多い会社だと思います。営業所が約三三〇〇もあったら、やり方も違ったりしていたと思うのですが、今回本社のほうで機械学習で業務量予測を作って、それをいきなり使えと言っても現場はなかなか難しいのではないかと思うんですが、そのあたりはいかがでしたか。

中林　現場の声としては、それなりに役立つという印象は持ってくれています。利用が進むと、各営業所での傾向も見えてくるので、そのようなデータも提供しています。

――先ほど、ビジネスサイド（事業部門）でも、データドリブンなことができる人間を作らないといけないと言われたと思いますが、そういう方のイメージは、各職場におけるデータドリブンリーダーといった感じでしょうか。

中林　データサイエンスメンバーのカウンターパートとなる事業部門の社員たちが、リーダー的な役割を果たしています。また、簡単なデータサイエンス・プログラムも作り、まずは非効率なエクセル作業の改善レベルから講習しています。あとは、Power BIやTableauの研修を現場に提供しています。

――現場からの要請でいちばん多いのはデータの可視化ですか。

中林　ええ。そうですね。先述の通り、最初は要望があればどんなデータでも提供することからスタートしましたから、現場からは様々な要請がありました。トップがデータドリブンの推進についてメッセージを出していたこともあり、データでいろいろな施策を考えるモチベーションもあったと思います。あれを見たい、これを見たいといったリクエストに応えて、可視化を進めていきました。

先ほど現場向けの教育プログラムを用意しているという話をしましたが、やはり座学と実際に使うのでは、まだまだギャップがあります。

でも実際にやってみて感じたのは、データをうまく活用している事業部門の社員は、データをどんどん使いこなせるようになっていくということです。そうしていくうちに、データに対する要求も高くなってきます。今では予測に基づいて、自分たちでリソースの配置を考えたいと話す部門もあります。

そのため、受けたい人が受けられる教育プログラムを提供することも必要だと思いますが、実際に使いながら習熟度が上がっていくことがいちばん良いのではと思っています。好事例は社内で横展開していきたいと考えています。

――やはり日常で自分の抱えている課題を実際にデータ活用して解決していくという経験を踏むのがいちばん役に立つと考えられているわけですね。

中林　ツールの使い方だけではなく、自分の仕事でどう活用するかという部分は、実際に活用することが必要で、もっと活用が広がるように支援する必要があると思っています。

あとは、我々のチームにいるデータコンシェルジュが、事業部門から求められたことに対して、すぐに応え、それを実際にBIツールを通して展開するということをどんどん進めていきたいです。つまり、社内におけるデータの民主化です。

データドリブンは上からの強制ではない

――経営層、事業部門のリーダー、事業部門の担当者、デジタル専門チームの四つのターゲットのなかでいちばん大切なのは、事業部門のリーダーだと中林さんがおっしゃっているのを記事で拝見しましたが、どういった教育をしているんですか。

中林　デザインシンキングやロジカルシンキングなど、基礎的なことから教育しています。また、いくつかの経営課題を提示して、そこに対してアイデアを出してプレゼンしてもらう研修もしています。

――すると、先ほど現場担当者向けに実際にデータを触ってという話がありましたが、リーダー向けにはどちらかというとデータをビジネスに生かすための思考フレームワークを教えるという方向ですね。

中林　たとえばワークショップを通して、デジタル専門チームのメンバーも一緒に取り組んでいくということを試みています。

――成功体験を積めるといいですよね。

中林　先ほどもお話ししたように、今はスタートから三年が経ちハード面は成果が見えてきましたが、ソフト面で結果につながっていくという部分をもっともっと試行錯誤していきたいと考えています。

——事業部門のリーダーの方などは、デジタルに対してはかなり抵抗がありましたか。

中林　ビジネスセンスに優れている人は、仮説を持ったうえで、こうしたデータを使いたいとリクエストをくれます。

——よくいろいろな企業から聞こえてくるのは、トップは少なくとも表向きは、データドリブンに会社を変えていくということをかなり強く言っている、それに対し、若手もがんばろうとしている、でもその流れを止めているのがミドルだっていうことです。

ヤマトさんはその点はどうでしょうか。忙しいのに、なんでこんなことやらなくちゃいけないの？というマインドはないですか。

中林　自分の仕事、事業に対してどう結果を出せるかということを考えているので、データドリブンを目的に動いている社員はいません。

――それは経営者からしたら、実際のビジネスをやっている人間は、データ基盤を使うことを目的化するんじゃなくて、本来のビジネスの目標を目指していく、そういう健全な活動の中で、データ基盤が整備されたことで、自然と以前よりもより高く、より短時間で、目標を達成できるようになるという絵を描いているということでしょうか。

中林　二〇二〇年に社長の長尾が事業部門のリーダーに伝えたメッセージは、まず自分たちで仮説を立てて、それに基づいてリクエストすることが必要だということです。

――なるほど。仮説に基づいてリクエストを出せば、それに対して応答する機能は用意したよということですね。

中林　この三年間を振り返ってみると、必要な機能をしっかり用意することにフォーカスして、事業部門からのリクエストには何でも応えてみようとメンバーに言ってやってきました。

そうしていくうちに、事業部門の中からデータを使って、仮説を立てて、施策を考える人が出てきました。経営会議で、三年前とは比べ物にならない数字の解像度で議論しています。

そうした意味では、まず環境（機能）を作って、それに慣れてくることで少しずつ変化が表れているのだと改めて思いました。

――今の反対仮説としては、環境を作るだけでは人はデータを仕事に活用しないということもある。私は今までどちらかというと、そちらを経験してきたので、逆に中林さんの感想はすごく新鮮です。おそらくヤマトさんの中では、もともと現場の方が苦労してCSVダウンロードしてデータを配信していたということもあったのかもしれませんね。

中林　以前は業務量予測を営業所単位で行っていたので、そこの抽象度を上げて上位階層に集約するということもできるようにデジタル化と同時に変えていきました。そして数百の営業所をまとめる管理者がちゃんとコントロールするという体制に変えていきました。

――ちなみに配送ルートはトラックが出る前に決めるんですか。

中林　以前は経験と勘でルートを決めていましたが、現在は出庫前にルートがアウトプットされています。そこにドライバーの経験を足していきます。ルート組みがすごく楽になったという声をよく聞きます。

――たしかに普通に考えたら、自分たちで考えるより、データに従ってやれるならそのほうがいいと思いますよね。私は中林さんに話を伺うまで、ヤマトさんがこれだけ短期間にこれだけ投資して会社を変えようとしているということは、トップがデータドリブンにすることを下に強制しているのかと思っていました。そうではなかったというのがすごく大きな発見です。

今のお話をまとめると、経営者としては、データ基盤を用意するということがすごく大切で、基盤を用意すれば、現場の方々がそれを使って仕事をよくしていくと考えていたということですね。

中林　私が優先的にデータ基盤に投資すべきだと提言したことを認めてもらい、取り組ませてもらいました。

――私は、データドリブンな会社に変えていくうえで、経営陣の「懐の深さ」というのはすごく大切な要素だと思っているんですが、中林さんの話を伺うと、それを感じます。短期で成果を求められていると、変わりやすいところだけをとりあえず見せていく感じになってしまって、本当の意味での改革がかえってやりにくい気がします。

中林　これまで我々のやりたいことをやらせてもらってきたと思います。ただ、先ほどもお話しした通り、自分たちの価値を自分たちで評価できていないと、会社の業績次第で縮小することになりかねません。改革の本質をきちんと理解して取り組んでいきたいと思っています。

デジタルチームと社内カルチャーをどう融合させるのか

——中林さん個人のお話も伺いたいんですが、請われたとは言え、一人で業界の違うヤマトさんにやってきたわけですよね。まったく別世界の社外から来られて三年間、途中からコロナ禍になり、事業部門の人たちとなかなか接点を持てない中、いろいろとご苦労もあったと思いますが、これまでのプロセスを振り返っていかがですか。

中林　改めてそう言われると、良くも悪くも空気を読まずにいろいろとやらせてもらえたのはすごくよかったと思います。「YAMATO NEXT100」を推進する中で、ある程度しっかりデジタル投資すると経営陣も決めていました。細かい説明を求められることもなく、一定の投資を認めてもらって、基盤作りもできました。

また、ダイバーシティのある優秀なメンバーたちが社外から集まってきてくれたのがとてもよかったです。

――八〇名のメンバーのうち、外部から来た人が八割くらい。そういう意味では、中林組織は、ヤマトさんの生え抜きのカルチャーが支配的ではないっていう感じですね。

中林　外部から来たメンバーがどうやって社内カルチャーに混ざっていくのかが課題になります。どうしても馴染めない人もいます。そのため、二〇二一年までは一つの部署でしたが、二二年からは様々な部署に分散し、会社組織の中に馴染むように体制を変えました。

――ちなみに、中林さんの組織のヤマトプロパーの方々は、もともとの仕事は何をされていたんですか。

中林　私が入社したときに、すでにデータドリブンを推進する組織の母体はあったので、その部署にいたメンバーや、情報システムやＩＴに携わっている社員、システム子会社のメンバーが多いです。

――カルチャーの違い以外に、どの会社でも攻めと守りによる違いというのもあると思いますが、そ

のへんのご苦労はありますか。

中林　クラウド基盤のアーキテクチャは私が管理するチームで作っているのでギャップはありませんが、既存システムやいろいろなＩＴと関わっていくとギャップが出てきます。データマネジメントの体制も少しずつ整えています。

――なるほど。だいぶ見えてきました。中林さんだからこそここまでやってこられたという部分もあると思います。

中林　今まで勤めてきた会社で、仕事の進め方、組織の作り方、データベースの作り方など、いろいろな失敗パターンを見てきたので、そのパターンは踏まないようにしようと心がけています。

――そうですね。お話を伺っていると、複数の企業を渡り歩かれて、きちんと一貫した軸を持っている強みもあるんですが、もう一つ、マネジメントも含めて、会社の全体的なことを見てこられたという力も強いと思いました。

中林　日本ＩＢＭ時代、ソフトウェアグループの中でインフォメーションマネジメントという一個の事業体があったのですが、そこで最初はテクニカルセールスで技術を担当し、その後マーケティングの責任者になりました。その後、営業部長や事業部長のスタッフも経験したので、ある単位のビジネスユニットで一通りの経験ができたのはすごく役立っています。

若者のスピード感とギャップのある日本企業

――最後の質問です。中林さんは、今までいろいろな会社を経験してこられて、今ヤマト運輸さんで三年間お仕事をされて、大きな組織も作られた。そうした中林さんから今ＤＸで苦労している日本の企業に対してメッセージをいただければと思います。

中林　大手日系ベンダーさん主催のＣＤＯが集まる場があり、そこで各社の話を伺うと、着実に動き出している会社も多いなと思いました。たとえば、ＤＸリーダーとＰＬ責任者と二つの役割を持ち、自分がデータを使う側になって証明するということを推進されている方や、ＤＸリーダーとして手段を目的化せず、会社の目指すところを達成するためにＤＸをやるのだというメッセージを強く発されている方がいました。少しずつ変わってきていると感じています。一方で、若い人と話すと、彼らが期待しているスピード感では変わっていっていないと感じます。私はいろいろな企業の経験から、時間感覚もよくわかっているつもりですが、優秀な若者は短期で結果を残したいと感じている傾向にあります。そういう若者に対して、日本企業や社会ができることはもっとあると思います。

——その若者っていうのは、どういった若者でしょうか。

中林　スタートアップの経営者や、大学で講義をしている学生たちです。そうした若者たちを見ていると、海外で活躍できる人材もいっぱいいます。

——昨今言われている話で、ジョブ型志向、メンバーシップ型志向という議論があるじゃないですか。今おっしゃっている若者は、どちらかというとジョブ型志向ですね。彼らの要求にメンバーシップ型の企業がなかなか応えきれないということでしょうか。

中林　雇用、被雇用の関係だとそうですし、スタートアップの若者は大企業との付き合い方で悩んでいると感じます。日本の大企業はスタートアップをパートナーと思っていないことがあります。

――おっしゃっているのはすごくわかります。それから、日本の企業はアイデアに金を払わないというのもよく言われますね。このアイデアがもし一〇〇億円の利益を生むのだったら、アイデアに一〇億円出してもいいのに、アイデアはただだと思っている。そうなるとこっちもアイデアを出し惜しみますよね。

中林　能力とアイデアを持っているのであれば海外に行き、海外の投資家から投資を受けて起業すればいいと思います。実際そうした若者たちも出てきています。最近は、海外に出てチャレンジしたほうがいいと積極的に言っています。そして成功して帰ってきて日本でがんばってもらってもいいと思います。

（二〇二二年九月一二日）

中林紀彦（なかばやし　のりひこ）

日本IBM株式会社でデータサイエンティストとして顧客のデータ分析を多方面からサポート、企業の抱えるさまざまな課題をデータやデータ分析の観点から解決。その後、SOMPOホールディングス株式会社チーフ・データサイエンティストなどを経て、2019年8月にヤマトホールディングス株式会社入社。20年3月同社執行役員。21年4月からヤマト運輸株式会社執行役員に就任。また筑波大学の客員教授、データサイエンティスト協会の理事としてデータサイエンスに関して企業の即戦力となる人材育成にも従事。

▼インタビューを終えて

ＤＸ組織を作っても、道具や専門人材が揃うだけで、仕事のやり方は変わらない会社が多いなかで、なぜヤマト運輸は変わりつつあるのか。中林さんのお話を聞いて、その理由は、経営者の本気度にあると感じました。

お客様ニーズの多様化、進展する産業のＥＣ化、労働人口の減少などの危機感からくる、経営者の構造改革への本気度。本気なので、変革を推進組織に託すのではなく、経営者自身が「会社を変えるんだ」という強い意志で会社を引っ張っていく。経営者から事業部へ「自分たちで仮説を立てて、それに基づいてDX部にデータをリクエストしろ」というメッセージを伝えるからこそ、事業部自身がDXを他人事ではなく自分事と捉えているのでしょう。そして、こういった経営者の本気度は、社員一人ひとりにも伝わっているのでしょう。「自分の仕事、事業に対してどう結果を出せるかということを考えているので、データドリブンを目的に動いている社員はいません」という言葉には、データやAIは手段に過ぎない、それらを使って会社を良くしていくのだという考えが、ヤマト運輸の社内に浸透していることが窺えました。

中林さんは、会社を変えていくという経営陣の強い意志を感じて入社を決意されました。中林さんはじめ優秀な即戦力人材を社外から吸引できたのも、経営者の本気度によるものでしょう。一方で、経営者は、ITのプロである中林さんに大きな裁量を与えて任せきる。経営者の本気度を感じてDXを自分事としている社員に、中林さん率いるプロ集団がデータやAIといった道具と教育を提供することで、熱意と手段が結合し、会社を変えるムーブメントを起こしているのでしょう。

中林さんの「良くも悪くも空気を読まずにいろいろとやらせてもらえたのはすごくよかった」という言葉には、インサイダーではなくアウトサイダーだからこそ、従来のやり方や風習に束縛されないという強みも感じます。外部人材に任せる懐の深さのある企業ならば、他の事業会社で経験を積まれリーダーシップもある人材の登用は、「会社を変える」ために有効な手段になると思いました。

第3章

データドリブン・カンパニーになるための処方箋

九つのインタビューはいかがだったでしょうか。ご自身の勤める会社をデータドリブンな会社にしていく勇気やヒントは見つかったでしょうか。

私自身は、インタビュー前は、日本企業にはデータドリブン経営は難しいのではないかと悲観していました。それが、インタビューを通して、日本企業でもできるという確信に変わりました。

キーエンスへのインタビューでは、日本にもデータドリブン経営ができている企業はあるんだと感無量になりました。他の企業についても、データドリブン経営のゴールに向かって着実に会社を進化させていることを実感しました。

本章では、これらのインタビューを踏まえて、日本企業がデータドリブン経営に進化するための処方箋のようなものを述べさせていただきたいと思います。もちろん、これらのインタビューですべてを網羅できる訳ではありませんし、あなたが勤める会社の業界や業態がインタビュー企業とは異なる場合には参考にならないかもしれません。また、インタビューだけから導いたものではなく、私個人の経験とあわせて考えたものであり、主観的な所も多々あります。それでも言語化し体系化することで、皆さんが自社においてデータドリブン経営を目指す方策を考える参考になればと思います。

データドリブンを類型化する

九つのインタビューは、いずれもデータやＡＩをビジネスに活かす取り組みであるものの、その目指すところはそれぞれ異なります。それを踏まえずにあわせてまとめると、焦点のぼけたものになります。そこで、まず、九つのインタビューについて、目指すところを軸に類型化を試み、以下の三分類に整理しました。

①　効率型データドリブン――業務の自動化や最適化、高速化を目指す
②　追求型データドリブン――原因や課題の追求、仮説の探求を目指す
③　社交型データドリブン――他社や顧客とデータ共有による連携強化を目指す
（社交型とは、いわゆる「社交」を意味するのではなく、会社間の交流を意味する著者の造語）

各インタビューを上記の分類に振り分けると、ダイハツ工業の取り組みは効率型に、キーエンスとＮＴＴドコモとＡＧＣの取り組みは追求型に、ＴＨＫとシップデータセンターとコープさっぽろの取り組みは社交型に該当します。ヤマト運輸と日立造船の取り組みについては、一つの型に分類するのは難しいです。以上は、インタビューで語られた内容の分類であり、会社としての分類ではありません。

誤解なきように申し上げると、企業は、①~③のいずれか一つの型を極めれば良いのではなく、すべての型を極めなければなりません。効率・追求・社交は、あらゆる企業活動に求められる基本活動なのですから。もちろん、①~③の型に重要性の優劣もありません。

次項からは、これら三つの型ごとに、立ちはだかる壁とそれを乗り越える処方箋という形で、インタビューから得られた示唆を筆者の視点からまとめていきます。

効率型データドリブンへの処方箋

効率型データドリブンとは、データ・AIにより予測や判別を高精度に行うことで、業務の効率化を目指す取り組みです。ダイハツ工業のインタビューでは、この型に該当する幾つかの成功例を披露いただきました。ロボットアーム故障予測による予知保全活動の効率化、排水濁度の予測による薬品量の抑制、部品の画像判別による外観検査の効率化、エンジン音の異常判別による開発業務の効率化。ヤマト運輸における支店ごとの業務量予測による人と車の配置の効率化も、この型に該当します。

繰り返し行われる業務の効率化を目指す場合、予測や判別の正解データを多数集められるので、機械学習におあつらえ向きです。ディープラーニング技術の進展でますます脚光を浴びている機械学習、所謂データサイエンティストの多くもこの機械学習を得意としています。

しかし様々な企業の方々（本インタビューとは別企業です）のお話を聞いていると、予測や判別はできるものの、それを活かした業務効率化に辿りつかない、というケースをよく耳にします。じつは、筆者自身も、予測モデルを開発すれど現場導入に進まない苦労をしてきました。その経験から、苦労の原因は、予測判別と現場業務の間に三つの壁があるからだと考えています。

一つ目は形式知化の壁です。現状は勘と経験で業務を行っている場合、「何を予測してそれを使ってどう仕事を進めるか」を形式知化することは容易ではありません。場合によっては、勘と経験による柔軟なやり方を犠牲にして、仕事のやり方を定型化する必要もあります。

二つ目は予測精度の壁です。機械学習を使っても一〇〇％の精度で予測できる訳ではありません。人間だって間違えるのですが、自分が間違った責任は自分で取っても、機械学習が間違った責任は負いたくないと思うのか、「もっと精度を上げて」が延々と続くのです。

三つ目は現場導入の壁です。実際に導入しようとすると、システム化やそのメンテナンスに費用がかかるし、また場合によっては現場担当者にデータ入力を協力してもらう必要があります。その調整や決裁の壁です。

多くの企業では、業務担当者自身がＡＩを開発するのではなく、社内外のデータサイエンティストにアウトソーシングしていると思います。その場合、業務担当者は、「金を払っているんだから今の業務にそのまま使えるものを作ってくれ」という姿勢になるのではないでしょうか。すなわち、前述の三つの壁を自分事として乗り越える覚悟はなく、壁の内側にこもって「現状と同じく柔軟な対応ができないとダメ」「一〇〇％当たらないとダメ」「簡単に現場導入できないとダメ」といった批評家姿勢です。一方、アウトソーシング先は、ビジネスライクな考えならば、限られた契約期間中に納品に辿りつくこと、さらに、次の契約獲得につながることを念頭に取り組むかもしれません。本来のゴールである「クライアント側のビジネスを良くする」方向からベクトルがずれるかもしれないのです。

ダイハツ工業の太古さんらの取り組み「業務担当者自身がＡＩを開発する体制にする。それを成し遂げるために、データサイエンティストは、代走するのではなく伴走する」は、これらの壁を越える処方箋の一つと私は位置付けました。ダイハツ工業では、AutoML（機械学習モデル開発の自動化ツール）を用いることで、数学やプログラミングの基礎体力を持たない社員でもＡＩ開発ができる環境を用意し、高卒の社員だってＡＩを自力で実装できるように育てています。業務担当者自身がやる気を持ってＡＩ開発をすることで、批評家的な姿勢ではなく「何とかしてこの機械学習を自分の業務に活かしたい」という自分事の姿勢になり、導入が進んでいくのです。そして、自分事でＡＩ開発する業務担当者が増えることで全社的に広がっていくのです。

もちろん、すべてのＡＩについて業務担当者自身で開発できる訳ではありません。でも、自ら開発できないからといって、社内外のデータサイエンティストに丸投げしては、自分事として前述の壁を越える覚悟は持てないでしょう。

では、自身で開発しない場合は、どうやれば丸投げせずに自分事化できるのか。「ＡＩを使ったソリューション開発」とひとまとめに考えず、全体ソリューションの設計とその要素であるアルゴリズム（ソフトウェア）開発を切り分けて考えるのです。そして、ソリューション設計は業務担当者自身で担う、それに必要なアルゴリズム開発は自身で開発できなければ外の力を借りるというスタンス、つまり、あくまでも推進役は自分であるという姿勢を堅持して取り組むことです。具体的には、業務担当者自身が、ＡＩを活かせばビジネスをどう変革できるのか考えてＡＩソリューションを設計する、さらに、その実現に必要なアルゴリズムの要件定義（何を予測するか、予測精度、予測速度、開発および運用予算など）まで行う。その上で、アルゴリズム開発をアウトソーシングするのです。

ただし、ＡＩ技術は日進月歩で進化しており、業務担当者が独力でＡＩソリューションを設計したり、アルゴリズムの要件定義を行うのは困難でしょう。私は、ここでも、社内データサイエンティストによる伴走は重要な処方箋になると思っています。すなわち、ＡＩ技術に関する知識をアップデートし、ＡＩを使ったソリューションを考案し、その実現に必要なアルゴリズムの要件を定義する、この三つについて業務担当者に伴走することです。アルゴリズム開発を社外にアウトソーシングする場合には、さらに、プロジェクト管理を伴走する必要もあるでしょう。

一方、日立造船のインタビューからは、データ基盤の開発において、その成功を阻む壁とそれを解消する処方箋を学びました。

顧客データ基盤やＩｏＴデータ基盤などの開発における典型的な失敗ストーリーは、開発したものの現場で実務に活用しようとすると不足点が見つかり使えなかったというものです。この原因は要件定義不足にあると片付けたくなりますが、そもそも、これまで顧客データやＩｏＴデータを十分に活用できていないのでデータ基盤を用意するという順序である以上、事前にどのようなデータ基盤を作れば活用できるか完全に定義することなどできないと思います。加えて、現時点では十分であっても、将来的にビジネス環境が変われば不足は生じるでしょう。だから、一度開発しても、それを拡張したりカスタマイズしていくことは不可避だと思うのです。しかし、そのたびに外注するとなると、コストも時間もかかってしまいます。

日立造船の「内製化」という方針は、この壁を越えるための処方箋の一つと思いました。内製化することで、都度外注する場合と比べてコストと時間を抑制できる。また、拡張やカスタマイズは不可避とはいえ、それをしやすいような設計をしていたらコストと時間を抑制できる。ここで、外注に頼ってしまうと、自社内でシステムの中身を理解する力も衰えてきます。その結果、発注先の言いなりになってしまい、いわゆるベンダーロックインの状態になって拡張やカスタマイズは非常に困難になってしまう。内製化すれば、そのような状況は回避できるのです。

長年にわたりシステム開発を外部に頼ってきた企業では、ＩＴ部門に調整型の仕事や管理型の仕事の姿勢が染み付いてしまい、内製化へ方向転換する発想は内部から出てきにくいだろうし、仮に発想しても実際やるとなると躊躇するでしょう。日立造船は、この壁を、経営視点からＩＴを考えられる外部人材を役員として迎えることで、乗り越えたのでしょう。

以上、ＡＩ活用とデータ基盤開発における壁と処方箋を述べました。改めて大局的に捉えると、以下のようにまとめられます。

データとＡＩ技術の革新は、ＩＴを「仕事に便利な道具」から「仕事のやり方を変える道具」に飛躍させました。「仕事に便利な道具」ならば、今の仕事のやり方をそのまま要件定義して外注すればよかった。一方、「仕事のやり方を変える道具」となると、ＩＴ（データやＡＩを含む）をどのように使えば仕事のやり方をどのように変えられるかを考えないといけないし、実際に作ってみないとうまくいくかわからないし、思ったように仕事のやり方を変えられなければ再設計しなければならない。そのため、ビジネス側が主体となって、アジャイルに開発しなければできないのです。しかし、ビジネス担当者はこれまでの「仕事に便利な道具」時代に染み付いた、外注するという姿勢から脱却できないため、ＩＴやＡＩについて知ろうともしない。そんな姿勢だから「仕事のやり方を変える道具」を作れないのです。それが壁の正体であり、だからこそ「自分事化」や「内製化」が処方箋になるのです。

追求型データドリブンへの処方箋

追求型データドリブンとは、データを用いて問題を発見し、その原因や課題を追求することです。さらに、データから課題解決の糸口となる仮説を見出し、それに立脚した施策を試行して検証し改善する一連の取り組みです。マーケティングにおける販売促進や製造現場における品質改善は、この典型的なケースです。

効率型データドリブンと比べると、その取り組みは外形的に見えにくいです。様々な企業に実情を聞いても「あまりうまくいっていない」という反応が多く、これまで筆者には模範的な取り組み方がわかりませんでした。それどころか、日本企業には難しいのではないか、という悲観すら持っていました。

キーエンスへのインタビューでは、この悲観を払拭するとともに、追求型データドリブンに必要なことを見出しました。それは、模範的な取り組み方ではなく、W、h、y、を追求する企業文化だったのです。「なぜ売り上げが増えたのか?」「なぜその施策をするのか?」「なぜそれが課題なのか?」を徹底的に追求する。Whyを追求するには手掛かりが必要だ。手掛かりに貪欲ならば自ずとデータを探る。このことは、NTTドコモの白川さんの「私はデータを活用したいなんて思ったことはなくて、マーケティングをやるためにデータが必要だからという感覚なんです」という言葉とも符合します。

裏を返すと、うまくいっていない企業は、決してデータの活用方法が下手なのではなく、WhｙをWhｙを追求する姿勢が不足しているのです。データはWhｙを追求する道具なのに、そもそもWhｙを追求する気がないというのは、料理人にたとえるならば美味しい料理を作る気がないのに立派な調理器具や食材を使うようなものです。

さらに、キーエンスのKＩを外販していくストーリーの中で、もう一つ必要なことを見出しました。「『この精度だとまだ使えない』『営業部門に説明するには早い』というように、データ分析からアクションに踏み出せないというケースが多く見られます」という言葉から、追求型データドリブンにはWhｙ文化だけでなく、Tｒｙする企業文化も必要であると思いました。

データで補足できることは全体の一部です。また、データからは相関関係はわかっても因果関係まではわかりません。すなわち、データからWhｙを完全に追求することはできないのです。だから、Whｙをある程度の確度まで追求できれば、そのさらなる追求に固執せず、一旦はそこまでの追求内容を暫定として施策を試してみる。そして、試行結果をしっかり効果検証し、検証結果から改めてWhｙを追求し、Whｙの確度を上げていく。

まとめると、追求型データドリブンには、Whｙを追求する企業文化とTｒｙする企業文化の両方が必要なのです。以降、この両者を併せて、「Ｗｈｙ＆Ｔｒｙ企業文化」と呼ぼうと思います。企業が追求型データドリブンをうまくやるには、データ分析の能力を醸成することよりも、Ｗｈｙ＆Ｔｒｙ企業文化の醸成こそが大切だということです。

しかし、このＷｈｙ＆Ｔｒｙ企業文化の醸成は非常に難しいです。なぜならば、Ｗｈｙ＆Ｔｒｙを妨害する企業文化が根深いからです。その正体は、「空気感」や「同調圧力」、さらには「前言を翻すことを潔しとしない」といったものです。すなわち、上司の意見に疑問を挟めない、会議の流れに異を唱えられない、一度決めたことは変えない、そんな土壌ではＷｈｙ文化を芽生えさせるのは難しいでしょう。さらに、ＡＧＣ小野さんの言葉を借りれば、社員の中には「自己実現のために仕事をする」人も多いです。自己実現を目的に仕事をしている人は、そもそもＷｈｙを追求する動機もＴｒｙして検証する動機も持たないでしょう。

でも、だからといって諦めたらおしまいです。企業文化は一人ひとりの社員の心に宿るモノであり、直接的に変えられるものではありません。「行動が習慣を変え、習慣が人格を変える」と言われるように、一人ひとりがＷｈｙ＆Ｔｒｙを実践し習慣づけていく。そのような人が全体の多くを占めるようになった時に企業文化も変わるでしょう。

だから、まずは、粘り強く一人ひとりの社員がＷｈｙ＆Ｔｒｙできるように促していかなければならない。実際、今回のインタビューで出てきた施策の中には、Ｗｈｙ＆Ｔｒｙを促す取り組みと捉えられるものも多いです。ＮＴＴドコモでは、全社のマーケッターがデータでＷｈ ｙを追求する環境を整備するだけでなく意欲も醸成し、また、施策をＴｒｙして効果検証を正しく容易にできる仕組みも提供しているのです。ＡＧＣでは、Ｗｈｙを追求するプロセスについて「因果連鎖分析」という独自の方法論を編み出し、多くの社員にこの方法論を教えながら、副次的にＷｈｙを追求する習慣も醸成しています。コープさっぽろは取引先に対して、データからＷｈｙを追求する教育として「分析力養成講座」を開催し、「ＭＤ協議会」でＴｒｙする機会を提供しています。キーエンスによるＫＩユーザーへのサポートプログラムは、まさにデータを活用したＷｈｙ＆Ｔｒｙに伴走しているのです。

もちろん、どれだけ伴走が手厚くても、社員にやる気がなければ始まりません。社員の中には、データ活用は専門的な仕事なので自分には無理という勝手な認識のもとで、Ｗｈｙ＆Ｔｒｙへの取り組みまでも放棄してしまう方もいると思います。全社員にＷｈｙ＆Ｔｒｙを他人事にさせず自分事にさせる、それができるのは、経営者の言葉でしょう。

ヤマト運輸において、経営者から事業部門のリーダーに「まず自分たちで仮説を立てて、それに基づいて（データを）リクエストする」ことを伝えたのは、この良い例だと思いました。もちろん、言葉だけでは社員は動きません。経営者自身がＷｈｙの追求を率先しているからこそ、社員もついていくのでしょう。

社交型データドリブンへの処方箋

社交型データドリブンとは、自社データを囲い込むのではなく、他社との間でデータ開示し合う（以下、データ連携と呼ぶ）取り組みです。ＩｏＴやクラウド技術の進化により、会社間でのデータ連携は技術的に容易になりました。

他社とデータ連携すれば、データを囲い込むよりもベネフィットは大きくなります。なぜならば、データを保有している企業とそれを活かせる企業が一致しない場合でも、データ連携すればデータはビジネスに役立つからです。また、各企業の持つデータを統合連携すれば、データを囲い込むよりも全体視点で最適化や新たなサービスの創出を進められます。

例えば、海事業界では、シップデータセンターが業界内で運航データを連携することで、海運会社は低燃費な運航方法の追求が可能になり、造船所は低燃費な船体設計の追求が可能になりました。コープさっぽろは、ＰＯＳデータを取引先と連携することにより、店頭における取引先商品の売り上げアップという両者共通のメリットを生みました。ＴＨＫは、自社製品の稼働データをユーザーと連携することにより、製品の使用状況を開発にフィードバックできるようになり、また、ユーザーは突発故障を回避できるようになりました。

しかし多くの日本企業は、この社交型データドリブンで後れをとっているように思えます。一方、欧州ではデータ流通規格を定めて、ＧＡＩＡ－Ｘと呼ばれるデータ流通のエコシステムを作り上げています。業界によっては、そもそも海外勢は垂直統合型なので一社でデータを完備できるのに対し、日本企業は垂直分業型であるためにデータを統合できない不利な立場にあります。企業間でのデータ連携が進まないと、グーグルなど業界外の主導によりプラットフォーム化されてしまう可能性もあります。

では、なぜ企業間でのデータ連携は進まないのでしょうか。筆者は、データ連携を遮る三つの壁があると考えています。一つ目は、全体視点の壁。自社の立場でしか考えられず業界全体や社会の視点を持てなければ、データ連携する本当の価値を見抜けないのです。近視眼的な思考も全体的な視点を曇らせます。二つ目は、リスクの壁。秘密保持契約を締結するとはいえ、情報漏洩のリスクコントロールは他社に委ねられてしまいます。責任回避的な風土では、乗り越えられないでしょう。三つ目は、利他の壁。データ提供した相手の得を自社の損と感じる、そういう損得勘定だと乗り越えられないでしょう。

もし、あなたに先見の明があり、他社とのデータ連携を推進するとしましょう。上司や経営者の決裁を仰ごうとすると、「何かあったらどうするんだ。何もないと言い切れるのか？」という責任回避トークを浴びる。一方で、データ連携による自社メリットを定量的に説明しろと言われて答えに窮する。そういう中で、あなたもトーンダウンしていくかもしれません。

では、三社はどうやって進めたのか。経営者自身が進めたのです。コープさっぽろの大見理事長は、ＰＯＳデータを取引先と連携すれば、お互いＷｉｎ‐Ｗｉｎな売り場改革につながるという高い視座を持ち、前例のないPOSデータ公開についてリスクも承知しながら決断しました。でも、データ連携するだけでは事は進まない。大見理事長は、データに基づく売り場改善を取引先から提案してもらう場を作り、「提案は必ず実施する」方針で取引先にベネフィットを確約し、「コープさっぽろの悪い所を必ず指摘する」方針で取引先の心理的安全性を確保するなど、データ連携による売り場改革を率先されました。

ＴＨＫの寺町彰博社長は、製造業の工場をＩｏＴ化して強くするという社会貢献ビジョンのもと、「新製品をＩｏＴ化するだけでは、置き換えに何十年もかかる。既存機をＩｏＴ化せよ」という明確な方向性を示されました。「自社製品の競争力を高める」という自分本位な視点ではなく、「豊かな社会作りに貢献する」という高い視座を持たれているからこそ、このような方向性を明確に出されたのだと思います。そして、長年醸成してきた経営者と社員の信頼関係のもとで、その方向性の実現に向けて全社一丸となって進んだのです。

海事業界でデータ連携を推進するシップデータセンターは、海運会社の幹部の発案で設立されました。このままでは海事産業のデータはプラットフォーマーに牛耳られるかもしれない、自社の損得ではなく業界全体の危機感で動かれたのです。でも、シップデータセンターが挑んだ壁は非常に高かった。サプライチェーンの垂直連携だけでなく、競合する複数の海運会社や造船会社の参画も内包するデータ連携においては、利他の壁は非常に高かったと察します。実際、データを入れる箱は作ったもののデータ連携は思ったように進まない、そういう状況を打破するため、海運会社の幹部の方は、推進協議会を立ち上げ、それをビジネスコンソーシアムに発展させるなど、先頭に立って取り組まれたのです。

三社の取り組みを聞くと、社交型データドリブンが大成できるかどうかは、経営者の力量にかかっていると思いました。シップデータセンターの森谷さんは、「自分や自社のことだけではなく、業界全体や社会への貢献という視点で考え、行動するビジネスリーダーが必要です」と言われました。高い視座と決断力と率先力を有する経営者の存在が必要なのです。

DXよりもCX（Culture Transformation）

筆者からの処方箋はいかがだったでしょうか。すべてでなくとも一部でも納得いただけたならば嬉しいです。ですが、皆さんの中には、「やり方は理解できた。でも、現実的にはできないよ」と思っている方も多いのではないでしょうか。じつは、企業向けの講演会で本書のような話をしても、そのような感想をいただいたりします。

なぜ、頭では理解できても行動に移せないのでしょうか？　私は、その根本的な原因は「変わろうとしない」企業文化にあると思います。

企業文化を次ページの表に示す統制型と自律型に大別するならば、統制型組織は、決められたやり方を正しく効率的に行うことは得意ですが、Ｗｈｙを追求して現状のやり方を改めていくことには弱いのです。一方で、自律型組織では、一人ひとりの社員が会社を良くしようと思い、Ｗｈｙを徹底して追求する。ルールありきや結果論で済ませるのではなく、ビジネスモデルやプロセスを洗い直して改めることに主眼を置くのです。

　そして、多くの日本企業は、製造現場を除き、あまりにも統制型組織に寄り過ぎている。統制型組織の中にいては、変えることへの風当たりが強く、変革の志も萎えてしまう。ボトムが変えようとしても、ミドルが壁になる。そんな中にいては、「やり方は理解できた。でも、現実的にはできないよ」と弱音を吐きたくなるでしょう。

　データやＡＩの革新により、業務プロセスを抜本的に改められるようになり、ビジネスモデルもまったく新たな形にチェンジできる時代になりました。

	自律型組織	統制型組織
仕事の動機	会社を良くしたい使命感	与えられた仕事や役割りを全うする責任感
社員の視野	会社全体	自分の担当業務
何を追求する	プロセスや原因	結果とルール
偉くなる人	思考力と行動力のある人	調整力や計画性のある人
心理的安全性	ある（自分が正しいと思うことを発言する） 現状の仕組み（体制）に疑問を投げかけられる	ない（言われたことをやる） 現状の仕組み（体制）に従う
コミュニケーション	上下関係なし	上下関係あり

自律的な組織と統制的な組織

すなわち、データやＡＩの革新は、ビジネス環境を激変させているのです。なのに、変わることよりも現状体制に執着する統制型組織ではますます立ち行かなくなる。「強い者、賢い者が生き残るのではない。変化できる者が生き残るのだ」と言われるように、どれだけ優秀な人材を抱えても統制型組織のままでは生き残れないでしょう。そう考えると、データやＡＩの革新は、日本企業に対して、統制型組織から自律型組織への脱却を促す最後通牒のように思えてくるのです。

では、企業文化を統制型から自律型に変えるにはどうすればいいのでしょうか。九社のインタビューを振り返ると、いずれの取り組みも、統制型の企業文化を克服してデータドリブンな取り組みを成功させたストーリーともみなせるでしょう。その観点から読み返すと、統制型から自律型に変革するためのいくつかのヒントを見出せます。

一つ目は、経営者の言葉の力とマネジメントです。キーエンスは、創業者が「最小の資本と人で最大の付加価値を上げる」という経営理念を社員に浸透させて、自律的な企業文化を醸成してきました。そして、その企業文化を堅持するために、人事制度などマネジメント面で工夫されています。例えば、人事評価において成果だけでなくプロセスも重視する。ヒエラルキーを意識しないフラットな発言を促すために、会議での席順や社員同士の呼称について、上下関係を完全に排除する。ＴＨＫは、経営者が社員に直接語りかけることで、経営理念や経営者のビジョンを社員の心に浸透させ、社員一人ひとりに自律的な行動を促しています。また、社内セミナーを通して「あ、僕ら変わらなきゃいけないんだ」という変わる文化の醸成もされています。これら二社は、経営者の言葉とマネジメント力で自律型組織を作ってきたからこそ、データやＡＩの活用もスムーズに進んでいると感じました。

しかし、統制型文化に染まっている企業においては、経営者の力で企業文化を統制型から自律型へと脱却させることは容易ではありません。それは、社員一人ひとりに根付いている価値観を変えるようなものであり、まさに至難の業です。でも、諦めたらおしまいです。少しずつでもいいから変えていく、そのためには何をすればいいかを考えることこそ大切だと思います。

二つ目は、変革の旗手となる人の存在です。ＮＴＴドコモの白川さんと川崎さんの取り組みは、マーケティングにデータを活用する仲間を増やすことで、Ｗｈｙ＆Ｔｒｙ文化への変革に挑んできたとも捉えられます。ダイハツ工業の太古さんらは、やる気のある社員を見出してデータ・ＡＩで問題解決する仲間を増やすことで、仕事のやり方を変える文化の醸成に挑んでいるとも捉えられます。これらの方々の共通点は、既存の企業文化に流されず自らの信念を持って行動し、それに賛同する仲間を増やしてきたことだと思います。

経営層はそういった力のある人材に思い切り旗を振ってもらうことで、企業文化を変革する端緒を開けるでしょう。ただし、企業文化の変革には抵抗派はつきものです。経営者が変革の旗手たちを後押しすることは重要だと思います。

一方、ヤマト運輸の中林さんのご活躍には、社外から来た人材だからこそ既存の企業文化に束縛されずに推進できる強さを見ました。中林さんのように、複数の事業会社で変革を牽引してきてＤＸ推進役として中途採用され、うまくいくケースを他にも知っています。

なぜうまくいくのか。豊富な経験や高い能力に加えて、次の三つの理由があると私は考えています。一つ目は、広い視野です。様々な業界を渡り歩いてきたからこそ、その会社の常識や従来のやり方に囚われない発想をニュートラルに持つことができる。二つ目は、アウトサイダーという立場です。外部から来た人材という立ち位置を自他ともに認めることで、社内の空気感や既得権のようなものに縛られない。三つ目は、経済的な自立です。この会社に依存しなくても、生活に必要な収入を得る自信がある。だからこそ、経営者に対等に意見する胆力を持てるのではないでしょうか。

このような人材を、変革の推進役として外部から登用すれば、統制型の文化に風穴を開けることができるでしょう。ただし、経営者が、変革を外部人材に託す度量を持たなければ、そのような登用も形ばかりになるでしょう。

統制型から自律型に組織を変革するための三つ目のヒント、それは、全社員に向けた課題設定力の強化です。課題設定は、自律型組織における仕事の核心部分です。しかし多くの日本企業においては、課題を追求する姿勢が弱く、課題は不明瞭なままで仕事を進めていることが多い。医者にたとえれば、診断を怠っていきなり治療しているようなものです。その結果、役に立たないデータ基盤を作ったりする。対症療法的な対策に終始する。その背後には、「問いを抱く」ことに粘らず「答えを出す」ことに先走ってしまう習性があるのかもしれません。

これを改めるには、課題を見つけることを仕事化しなければなりません。その方策として、課題発見を人事評価に取り込んではいかがでしょう。すなわち、課題を見つけても解決しなければ成果として評価しない、ではなく、課題を見つけるところまでで成果として評価する。反対に、課題設定を疎かにして行動に走っても評価しない。このように人事評価制度を改めることで、全社員に課題設定するインセンティブを与えるのです。

しかし、これからは課題設定を追求していきましょうと言っても、今まで課題設定をやってこなかった社員には、そのやり方はわかりません。だから、課題を追求するために必要な能力の再教育もしなければならない。

ＡＧＣの小野さんの取り組みは、まさにこれに相当すると思うのです。さらに、小野さんの提唱する因果連鎖図は、課題を発見するためのコミュニケーションツールとして役立ち、また、課題設定の仕事の成果物という体裁にもなり得ます。すなわち、因果連鎖図を社内に普及させることで、課題設定力の育成に加えて、課題設定の仕事化も成し遂げることができるのです。この方策は、経営者や変革リーダーの属人的力量に頼らなくてもできることから、どこの企業においても現実的に取り組めると思います。

現在、ＤＸという言葉が蔓延し、日本企業の多くでＤＸ推進部といったものができています。でも、どれだけ立派な道具を使えるようになろうと、統制型組織のままでは仕事のやり方もビジネスも大して変わりません。そう考えると、今の日本企業に求められているのはＤＸよりもむしろＣＸ（Culture Transformation）ではないでしょうか。キーエンス井上さんの「たしかにキーエンスには、ＤＸ推進という取り組みはないですね」、ＮＴＴドコモ白川さんの「難しく考えずに、会社を良くするために、社会をより良くするために何をしたいか、何ができるかということを考え抜く。それをやる手段としてデジタルを使うということに尽きると思います」、ＡＧＣ小野さんの「すべての日本企業に言いたいのは『正しく頑張ろう！』です。頑張る方向を間違えないようにしてほしい。その一言に尽きます」というメッセージを改めて嚙みしめていただければと思います。

インタビューを終えて、私の心の中には、日本企業が勝ち残っていく光明がおぼろげながら見えました。少し強引ですが具体化すると、次のような光の筋です。

一人ひとりの社員が会社を良くしようという思いで課題を追求し、一人ひとりの社員がデータやＡＩを活かした変革を自分事として担う。

メンバーシップ型雇用がもたらす愛社精神からこの二つが芽生えるならば、それはデータ・ＡＩ時代における日本企業の大きな強みになるかもしれません。

この章の終わりに、私がとても共感した、日本郵船で技術本部執行役員としてＤＸ推進を主導された鈴木英樹氏の言葉を引用させていただきたいと思います。以下は、Japan Innovation Review 2022.5.13に掲載された鈴木氏へのインタビュー記事からの抜粋です。

「変革というのは長いレースのようなもので、持続することが一番大事です。継続していける組織形態と人を、まだまだしっかり作っていかないといけないと考えています。登山に例えると、今は二合目とか三合目ぐらいですが、二、三割が変われば、そこがティッピングポイントとなって一気に変わっていくというイノベーションの理論もあるので、そこまでいけばいいなと思っています。そうすれば、あとは自走します。ＤＸの一番の目的は、自走する会社や人を作ることなのです」

「日本というのは、かなり具体的な目標を示さないと許されない文化があります。恐らくそれが、この国の硬直性を呼んでいると思うのです。それに、最初から具体的なゴール設定をしてしまうとピボットしにくくなる。だから、そこは曖昧でいいと思っています。全社員共通のゴールが『仕事や会社を楽しくしていきたい』であることは間違いないので。そこに向かっていけば、会社が悪くなるはずないですよね」

「とにかく焦らないことです。デジタルの世界は、データと人が共に永遠に成長していくネバーエンディングストーリーなので、気長にやっていくこと。あとは、常に何が課題なのかという問いを磨き続けること。そこを間違えると解が全て間違ってしまいますから。そして、〝D

X が進むとこんなふうになるの!?〟というアハ体験を多くの社員にしてもらうこと。よく、会社を動かしているのは『人・モノ・金』だといわれますが、私は『人・人・人』だと思っています。モノを作るのも使うのも、お金を生むのも使うのも人なのだから、〝人〟がしっかりとベースになければモノもお金もうまく回せない。会社を動かせるような〝人〟をつくっていくこと、それが会社にとって一番の力になると思います」

鈴木氏の言葉を読んだ時に、「まさにおっしゃる通りです」と心の中で頷きました。本章で長々と無骨な言葉で綴ってきましたが、鈴木氏は柔らかく簡潔な言葉で本質を語ってくれているのです。これほどの言葉で語られる経営層が率いる日本郵船という会社に畏敬の念を抱きました。

最後に、改めて私の言葉で締めくくります。

データやＡＩとは、課題を発見し解決する力量の差を広げ、またビジネス環境を激変させる因子です。「失われた三〇年」に甘んじてきた統制型の日本企業。データやＡＩを手段としか捉えないか、自律型の企業文化へ脱皮を促す最後通牒と捉えるか、それによりこの国の将来が決まる分水嶺にあると私は思うのです。

データ・ＡＩ時代に日本企業が勝ち抜くために目指すべきこと、それは、データやＡＩといった手段を使えることではないのは言わずもがな、データやＡＩを活かしてビジネスを変革することでもありません。目指すべきことは、ビジネスに課題を見出してその変革を続けられる人と組織を作ることなのです。そのために必要なのは、硬直的なＤＸ目標の達成ではなく、一人ひとりが経営視点で考えてＷｈｙを追求し変革を率先するようになる、そのための育成に取り組み続けることです。本質から目をそらさない、決して諦めない、日本企業の底力を信じて筆をおきたいと思います。

おわりに

本書は、インタビューでご自身の経験や考え方をお話しくださった九社の皆様と私の本です。ご多忙なお立場にいらっしゃる中で、私の拙いインタビューに数時間も付き合ってくださいました。私の不躾な質問は、皆様を、個人としての思いと会社としての立場の狭間で苦しめてしまったかもしれません。インタビュー後も、原稿の修正と社内での決裁に大変なお手間をとってくださいました。お話しいただいたことが書籍として出版される心理的なハードルや社内決裁ハードルを考えると、ご協力くださったことへの感謝の念に堪えません。本当にありがとうございました。

本書のきっかけは、講談社の田中浩史さんのアイデアです。じつは、田中さんは、私の初めての書籍『会社を変える分析の力』（講談社現代新書）の編集者です。再会した時に、「データドリブンな取り組みを進めている企業にインタビューして本にしたら、多くの企業人に役立つのでは」とお声掛けいただき、その時は「いいですね」と曖昧な返事をしたのですが、いろいろと考えると、こういった本を書くことは自分の使命のように思えてきました。

企業で二七年間勤めて、日本企業の良い点も悪い点も身をもって経験している。一方、今は大学教員という立場にあり、企業に忖度せずモノを申せる立場にある。また、ありがたいことに人脈に恵まれ、たくさんの企業人が力を貸してくれる。これだけの条件が揃っている人は自分の他にいないのではないか。そう考えると、この本を出さなければと思いました。

インタビューは、二〇二二年九月～一二月に各社三時間にわたって行いました。インタビュー内容を原稿化したところ、お話しいただいた内容が濃く、事前予想を遥かに超えるページ数になりました。原稿化に時間を要してしまい、九社の方々にはご迷惑をおかけしました。その間にお立場が変わられた方もおられて、大変申し訳なく思っております。講談社の田中さんには、すべてのインタビューに同行くださり、文字起こしから原稿化までお力添えをいただきました。ありがとうございました。

本書を書き終えて、この国の未来を明るくするには、「人づくり」だと改めて思いました。そう思うと、大学教員という立場にいるわが身は、「人づくり」という最も大切な役割を担っている、その責任を果たさねばと強く思いました。

じつは、大学における「人づくり」でも、企業から課題やデータ提供でご協力をいただいています。この場を借りて感謝するとともに、大学での「人づくり」に協力するよという企業がいらっしゃいましたら、ぜひお声掛けください。一人ひとりの学生と向き合い、目先の表面的な成績ではなく、一〇年先、二〇年先に開花する礎となるような教育をしていこう。「人づくり」の本質から目をそらさない、決してあきらめない、日本の若者の底力を信じて育てていこうと思っています。

井上泰平さん、柘植朋紘さん、小野義之さん、白川貴久子さん、川崎達矢さん、太古無限さん、竹内裕喜さん、吉田裕貴さん、饗庭拓真さん、寺町崇史さん、森谷明さん、川崎正隆さん、山田浩章さん、杉本淳さん、石塚諒一さん、中林紀彦さん、本当にありがとうございました。

河本　薫

二〇二四年二月

河本 薫（かわもと かおる）

滋賀大学データサイエンス学部教授。1989年、京都大学工学部数理工学科卒業。91年、京都大学大学院工学研究科応用システム科学専攻修了。同年、大阪ガス入社。98年、米ローレンスバークレー国立研究所でデータ分析に従事。2011年、大阪ガス・ビジネスアナリシスセンター所長に就任。13年、日経情報ストラテジーが選出する「データサイエンティスト・オブ・ザ・イヤー」の初代受賞者に。16年、ビジネスアナリシスセンターの取り組みにより、大阪ガスは「情報化促進貢献個人等表彰」における「経済産業大臣賞」受賞。18年4月より現職。大阪大学招聘教授を兼任。21年、厚生労働省が選定する「卓越した技能者（現代の名工）」に選出。博士（工学、経済学）。専門分野はデータ分析による意思決定支援。著書に『会社を変える分析の力』（講談社現代新書）、『最強のデータ分析組織』（日経BP社）、『データドリブン思考』（ダイヤモンド社）など。

データドリブン・カンパニーへの道《みち》
データ・AIで変革を進める企業人に学ぶ

2024年3月19日 第1刷発行
2024年9月17日 第3刷発行

著　者　河本《かわもと》 薫《かおる》
発行者　篠木和久
発行所　株式会社 講談社
東京都文京区音羽 2-12-21 〒112-8001
電話　編集　03-5395-3522
販売　03-5395-4415
業務　03-5395-3615
KODANSHA
装幀者　コバヤシタケシ
印刷所　株式会社新藤慶昌堂
製本所　大口製本印刷株式会社

ISBN978-4-06-535442-1　414p　21cm